σχολείο - សាលារៀន	2
ταξίδι - ការធ្វើដំណើរ	5
μεταφορά - ការដឹកជញ្ជូន	8
πόλη - ទីក្រុង	10
τοπίο - ទេសភាព	14
εστιατόριο - ភោជនីយដ្ឋាន	17
σούπερ μάρκετ - ផ្សារទំនើប	20
ποτά - ភេសជ្ជៈ	22
φαγητό - អាហារ	23
αγρόκτημα - កសិដ្ឋាន	27
σπίτι - ផ្ទះ	31
σαλόνι - បន្ទប់ទទួលភ្ញៀវ	33
κουζίνα - ផ្ទះបាយ	35
μπάνιο - បន្ទប់ទឹក	38
παιδικό δωμάτιο - បន្ទប់របស់កុមារ	42
ρούχα - សម្លៀកបំពាក់	44
γραφείο - ការិយាល័យ	49
οικονομία - សេដ្ឋកិច្ច	51
επαγγέλματα - មុខរបរ	53
εργαλεία - ឧបករណ៍	56
μουσικά όργανα - ឧបករណ៍តន្ត្រី	57
ζωολογικός κήπος - សួនសត្វ	59
αθλήματα - កីឡា	62
δραστηριότητες - សកម្មភាពនានា	63
οικογένεια - ក្រុមគ្រួសារ	67
σώμα - រាងកាយ	68
νοσοκομείο - មន្ទីរពេទ្យ	72
έκτακτη ανάγκη - សង្គ្រោះបន្ទាន់	76
Γη - ផែនដី	77
ρολόι - នាឡិកា	79
εβδομάδα - សប្តាហ៍	80
έτος - ឆ្នាំ	81
σχήματα - រង	83
χρώματα - ពណ៌	84
αντίθετα - ផ្ទុយគ្នា	85
αριθμοί - លេខ	88
γλώσσες - ភាសា	90
ποιος / τι / πως - នរណា / អ្វី / របៀប	91
που - កន្លែង	92

Impressum
Verlag: BABADADA GmbH, Nedderfeld 112 , 22529 Hamburg
Geschäftsführer / Verlagsleitung: Harald Hof
Druck: Books on Demand GmbH, In de Tarpen 42, 22848 Norderstedt

Imprint
Publisher: BABADADA GmbH, Nedderfeld 112 , 22529 Hamburg, Germany
Managing Director / Publishing direction: Harald Hof
Print: Books on Demand GmbH, In de Tarpen 42, 22848 Norderstedt

σχολείο
សាលារៀន

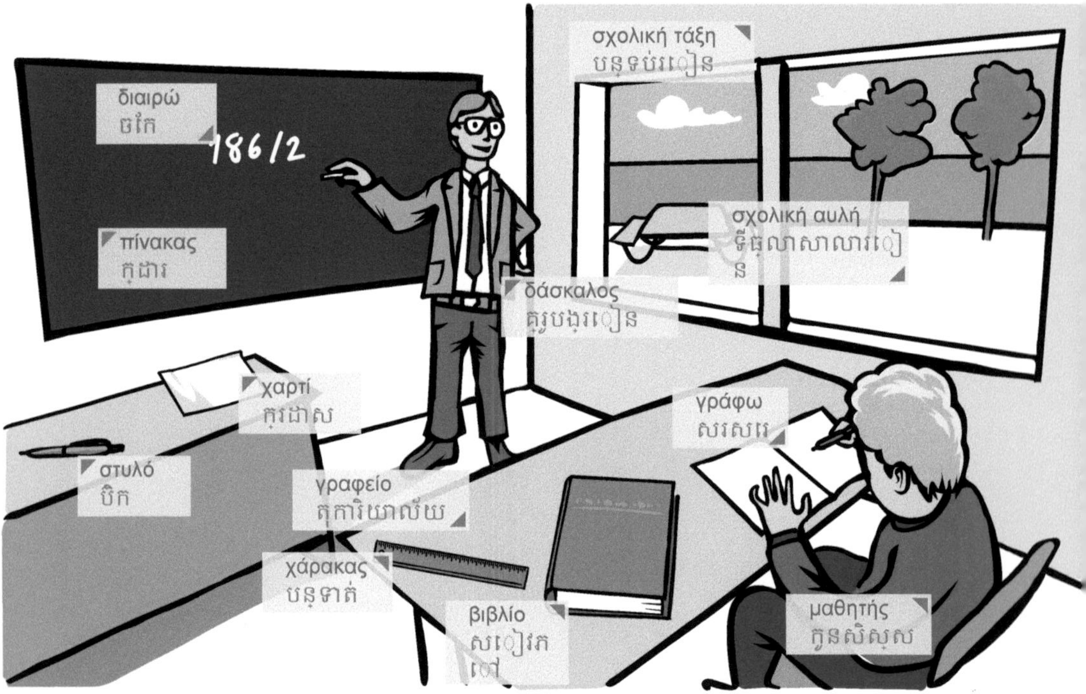
σχολική τάξη
បន្ទប់រៀន
διαιρώ
ចែក
186/2
πίνακας
ក្ដារ
σχολική αυλή
ទីធ្លាសាលារៀន
δάσκαλος
គ្រូបង្រៀន
χαρτί
ក្រដាស
γράφω
សរសេរ
στυλό
ប៊ិក
γραφείο
តុការិយាល័យ
χάρακας
បន្ទាត់
βιβλίο
សៀវភៅ
μαθητής
កូនសិស្ស

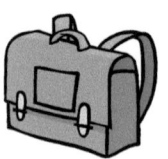

σχολική τσάντα
សម្ពៀតស្បែក

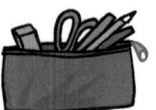

κασετίνα/ μολυβοθήκη
ប្រអប់ដាក់ខ្មៅដៃ

μολύβι
ខ្មៅដៃ

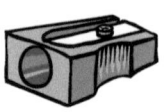

ξύστρα
ប្រដាប់ខួងខ្មៅដៃ

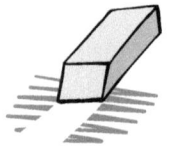

γόμα
ជ័រលុប

μπλοκ ζωγραφικής
ផ្ទាំងគំនូរ

ζωγραφική

គំនូរ

πινέλο

ជក់គូរ

κουτί χρωμάτων

ប្រអប់ថ្នាំលាប

ψαλίδι

កន្ត្រៃ

κόλλα

កាវបិទ

τετράδιο ασκήσεων

សៀវភៅលំហាត់

εργασία για το σπίτι

កិច្ចការផ្ទះ

12

αριθμός

លេខ

2+2

προσθέτω

បូក

5-2

αφαιρώ

ដក

2×2

πολλαπλασιάζω

គុណ

υπολογίζω

គណនា

A

γράμμα

លិខិត

ABCDEFG
HIJKLMN
OPQRSTU
VWXYZ

αλφάβητο

អក្ខរក្រម

hello

λέξη

ពាក្យ

κείμενο

អត្ថបទ

διαβάζω

អាន

κιμωλία

ដីស

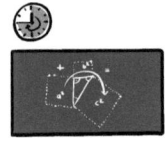

μάθημα

មេរៀន

εγγράφομαι

ចុះឈ្មោះ

τεστ

ការប្រលង

πιστοποιητικό

វិញ្ញាបនបត្រ

μαθητική στολή

ឯកសណ្ឋានសាលា

εκπαίδευση

ការអប់រំ

εγκυκλοπαίδεια

សព្វវចនាធិប្បាយ

πανεπιστήμιο

សាកលវិទ្យាល័យ

μικροσκόπιο

មីក្រូទស្សន៍

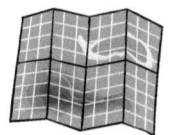

χάρτης

ផែនទី

καλάθι αχρήστων

កន្ត្រកដាក់សំរាមក្រដាស

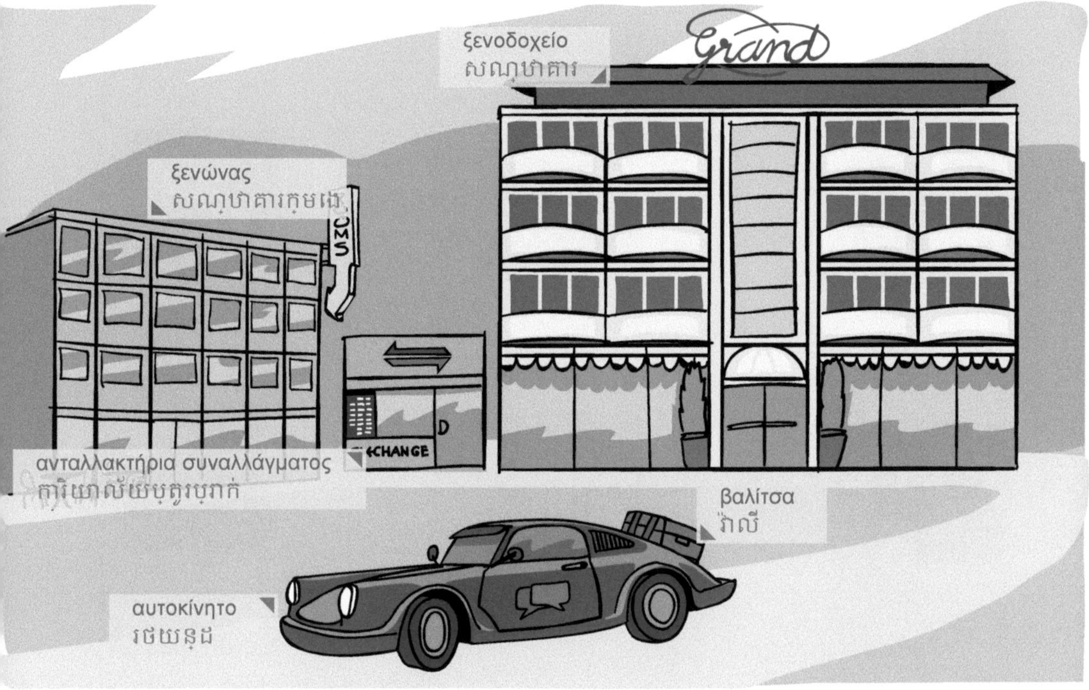

ξενοδοχείο
សណ្ឋាគារ
Grand
ξενώνας
សណ្ឋាគារក្មេង
CHANGE
ανταλλακτήρια συναλλάγματος
ការិយាល័យប្តូរប្រាក់
βαλίτσα
វ៉ាលី
αυτοκίνητο
រថយន្ត

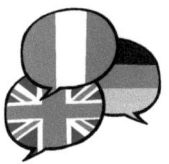

γλώσσα
ភាសា

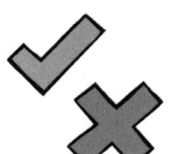

ναι / όχι
បាទ / ទេ

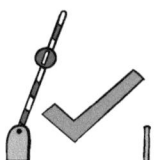

εντάξει
យល់ព្រម

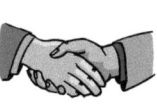

γεια σου
សាយ័ន្តសួស្តី!

μεταφραστής
អ្នកបកប្រែ

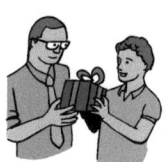

Ευχαριστώ
សូមអរគុណ

πόσο κάνει ;
ថ្លៃប៉ុន្មាន... ?

Δε καταλαβαίνω
ខ្ញុំមិនយល់

πρόβλημα
បញ្ហា

Καλησπέρα!
ទិវាសួស្តី!

Καλημέρα!
អរុណសួស្តី

Καληνύχτα!
រាត្រីសួស្តី!

Αντίο
លាហើយ

κατεύθυνση
ទិសដៅ

αποσκευές
អីវ៉ាន់

τσάντα
កាបូប

σακίδιο πλάτης
កាបូបស្ពាយក្រោយ

καλεσμένος
ភ្ញៀវ

δωμάτιο
បន្ទប់

υπνόσακος
ថង់ដេក

σκηνή
តង់

ταξίδι - ការធ្វើដំណើរ

τουριστικές πληροφορίες
ព័ត៌មានទេសចរណ៍

παραλία
ឆ្នេរ

πιστωτική κάρτα
កាតឥណទាន

πρωινό
អាហារពេលព្រឹក

μεσημεριανό
អាហារថ្ងៃត្រង់

δείπνο
អាហារពេលល្ងាច

εισιτήριο
សំបុត្រ

ανελκυστήρας
ជណ្តើរយន្ត

γραμματόσημο
តែម

σύνορα
ព្រំដែន

τελωνείο
គយ

πρεσβεία
ស្ថានទូត

βίζα
ទិដ្ឋាការ

διαβατήριο
លិខិតឆ្លងដែន

μεταφορά
ការដឹកជញ្ជូន

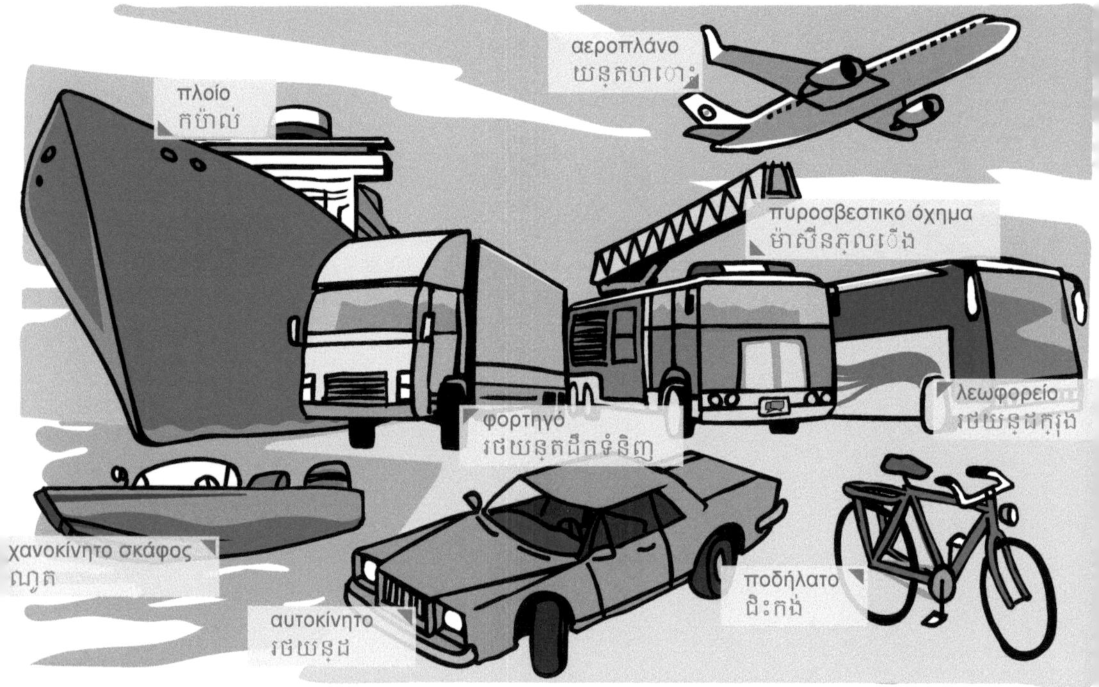

αεροπλάνο
យន្តហោះ
πλοίο
កប៉ាល់
πυροσβεστικό όχημα
ម៉ាសីនភ្លើង
λεωφορείο
រថយន្តក្រុង
φορτηγό
រថយន្តដឹកទំនិញ
χανοκίνητο σκάφος
ណូត
ποδήλατο
ជិះកង់
αυτοκίνητο
រថយន្ដ

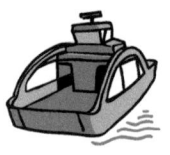

φεριμπότ
សាឡាង

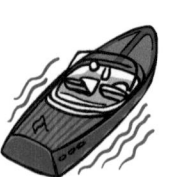

βάρκα
ទូក

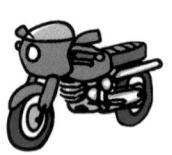

μοτοσικλέτα
ម៉ូតូ

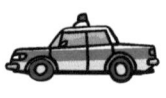

περιπολικό
រថយន្តប៉ូលិស

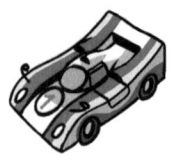

αγωνιστικό αυτοκίνητο
រថយន្តប្រណាំង

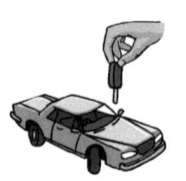

ενοικιαζόμενο αυτοκίνητο
រថយន្តជួល

διαμοιρασμός αυτοκινήτων

ការចែករំលែករថយន្ត

γερανός

ម៉ាស៊ីនស្ទូច

απορριμματοφόρο

ម៉ាស៊ីនបូមមូលសំរាម

κινητήρας

ម៉ូទ័រ

καύσιμο

ប្រេងឥន្ធនៈ

βενζινάδικο

ស្ថានីយ៍ប្រេង

πινακίδα σήμανσης

សលាកសញ្ញាចរាចរណ៍

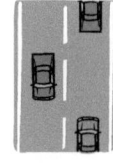

κυκλοφορία

ការធ្វើដំណើរចរាចរណ៍

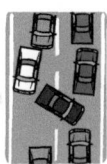

κυκλοφοριακή συμφόρηση

កកស្ទះចរាចរណ៍

χώρος στάθμευσης

ចំណត

σιδηροδρομικός σταθμός

ស្ថានីយ៍រថភ្លើង

σιδηροδρομικές γραμμές

ផ្លូវដែក

τρένο

រថភ្លើង

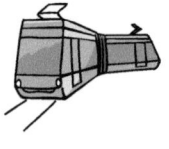

τραμ

រថអគ្គីសនី

βαγόνι

ទូរថភ្លើង

ελικόπτερο

ឧទ្ធម្ភាគចក្រ

αεροδρόμιο

ព្រលានយន្តហោះ

πύργος

ប៉ម

επιβάτης

អ្នកដំណើរ

εμπορευματοκιβώτιο

កុងតឺន័រ

χαρτοκιβώτιο

ករដាសកាតុង

καρότσι

រទេះ

καλάθι

កញ្ចប់

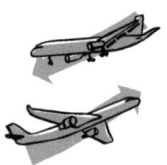

απογειώνομαι /
προσγειώνομαι

ហោះឡ្យើង / ចុះ

πόλη

ទីក្រុង

χωριό

ភូមិ

κέντρο της πόλης

កណ្ដាលទីក្រុង

σπίτι

ផ្ទះ

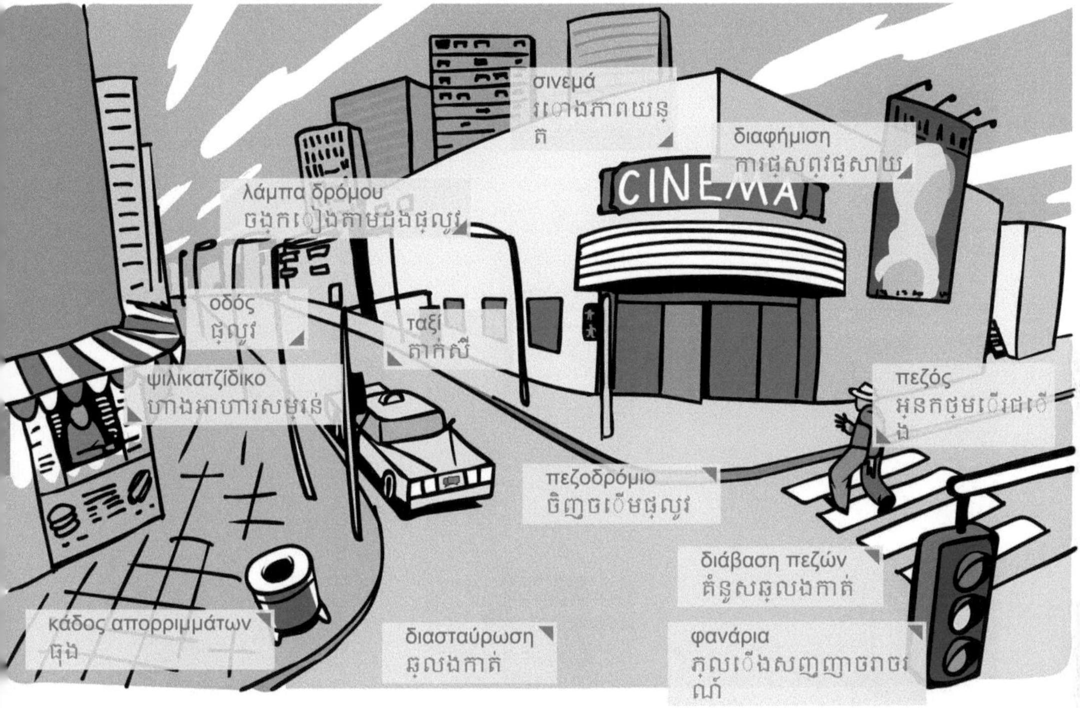

σινεμά
រោងភាពយន្ត
διαφήμιση
ការផ្សព្វផ្សាយ
CINEMA
λάμπα δρόμου
ចង្កៀងតាមដងផ្លូវ
οδός
ផ្លូវ
ταξί
តាក់ស៊ី
ψιλικατζίδικο
ហាងអាហារសម្រន់
πεζός
អ្នកថ្មើរជើង
πεζοδρόμιο
ចិញ្ចើមផ្លូវ
διάβαση πεζών
គំនូសឆ្លងកាត់
κάδος απορριμμάτων
ធុង
διασταύρωση
ឆ្លងកាត់
φανάρια
ភ្លើងសញ្ញាចរាចរណ៍

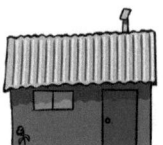

καλύβα

ខ្ទម

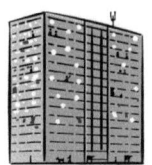

διαμέρισμα

ផ្ទះល្វែង

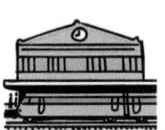

σιδηροδρομικός σταθμός

ស្ថានីយរថភ្លើង

δημαρχείο

សាលាក្រុង

MUSEUM

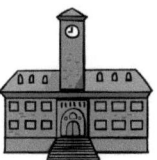

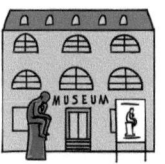

μουσείο

សារមន្ទីរ

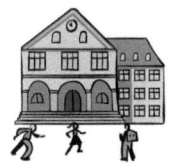

σχολείο

សាលារៀន

πανεπιστήμιο

សាកលវិទ្យាល័យ

τράπεζα

ធនាគារ

νοσοκομείο

មន្ទីរពេទ្យ

ξενοδοχείο

សណ្ឋាគារ

φαρμακείο

ឱសថស្ថាន

γραφείο

ការិយាល័យ

βιβλιοπωλείο

ហាងលក់សៀវភៅ

κατάστημα

ហាង

ανθοπωλείο

ហាងផ្កា

σούπερ μάρκετ

ផ្សារទំនើប

αγορά

ទីផ្សារ

πολυκατάστημα

ហាងទំនិញ

ιχθυοπωλείο

ហាងលក់ត្រី

εμπορικό κέντρο

មជ្ឈមណ្ឌលផ្សារទំនើប

λιμάνι

កំពង់ផែ

πάρκο
ឧទ្យាន

παγκάκι
បង្គី

γέφυρα
ស្ពាន

σκάλες
ជណ្តើរ

μετρό
ផ្លូវក្រោមដី

τούνελ
ផ្លូវរូងក្រោមដី

στάση λεωφορείου
ចំណតរថយន្តក្រុង

μπαρ
បារ

εστιατόριο
ភោជនីយដ្ឋាន

γραμματοκιβώτιο
ប្រអប់សំបុត្រ

πινακίδα δρόμου
សញ្ញាតាមដងផ្លូវ

παρκόμετρο
ឧបករណ៍ប្រមូលផលចំណត

ζωολογικός κήπος
សួនសត្វ

πισίνα
អាងហែលទឹក

τζαμί
វិហារអ៊ីស្លាម

αγρόκτημα

កសិដ្ឋាន

ρύπανση

ការបំពុល

νεκροταφείο

ផ្លូវកប់ខ្មោច

εκκλησία

ព្រះវិហារ

παιδική χαρά

កន្លែងវិមិលកុមារលេង

ναός

បុរាសាទ

τοπίο
ទេសភាព

φύλλο
ស្លឹក

πινακίδα κατεύθυνσης
សញ្ញាមុកប់ទិសដៅ

δρόμος
ផ្លូវ

λιβάδι
វាលស្មៅ

πέτρα
ដុំថ្ម

πεζοπόρος
អ្នកឡើងភ្នំ

πέτρα

δέντρο
ដើមឈើ

ποτάμι
ទន្លេ

χορτάρι
ស្មៅ

λουλούδι
ផ្កា

κοιλάδα

ជ្រលងភ្នំ

λόφος

គូនភ្នំ

λίμνη

បឹង

δάσος

ព្រៃឈើ

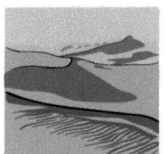

έρημος

វាលខ្សាច់

ηφαίστειο

ភ្នំភ្លុលេឿង

κάστρο

គ្រោគុរប៊ី

ουράνιο τόξο

ទនុធនូ

μανιτάρι

ផ្សិត

φοίνικας

ដេីមគុនទោត

κουνούπι

មូស

μύγα

រុយ

μυρμήγκι

ស្រមោច

μέλισσα

សត្វឃ្មុំ

αράχνη

ពីងពាង

σκαθάρι
សត្វកញ្ចៃ

βάτραχος
កង្កែប

σκίουρος
កំប្រុក

σκαντζόχοιρος
សត្វកាំបុរមា

λαγός
ទន្សាយស្លឹក

κουκουβάγια
សត្វទីទុយ

πουλί
បក្សី

κύκνος
ហង្ស

αγριογούρουνο
ជ្រូក

ελάφι
សត្វក្តាន់

άλκη
សត្វក្ដាន់

φράγμα
ទំនប់

ανεμογεννήτρια
កង្ហារខ្យល់

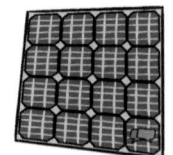

ηλιακός συλλέκτης
បន្ទះស្តុប្លា

κλίμα
អាកាសធាតុ

εστιατόριο
ភោជនីយដ្ឋាន

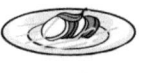

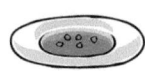

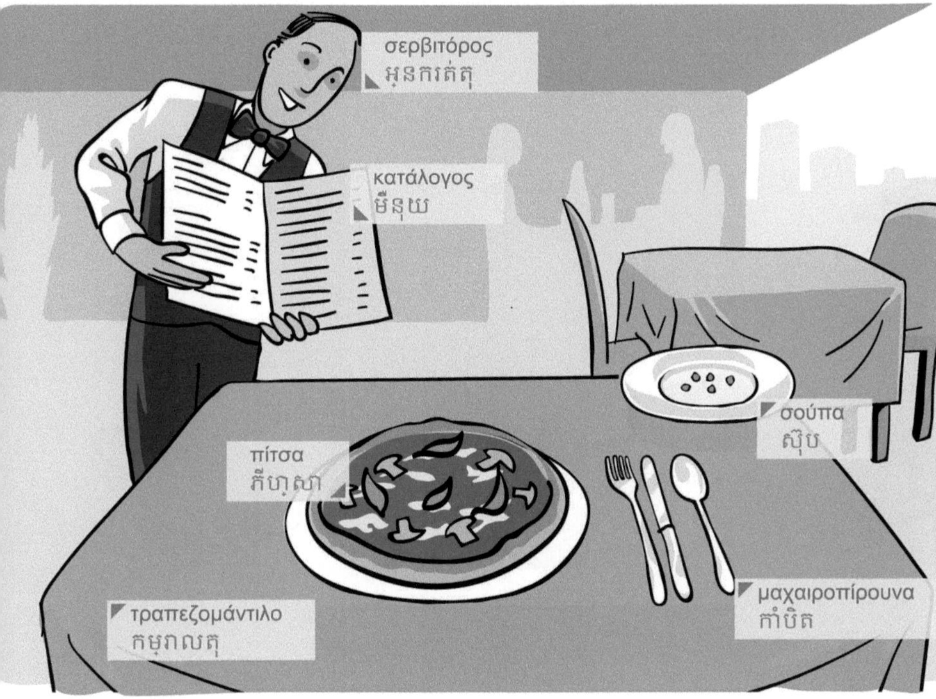
σερβιτόρος
អ្នករត់តុ
κατάλογος
ម៉ឺនុយ
καρέκλα
កៅអី
σούπα
ស៊ុប
πίτσα
ភីហ្សា
μαχαιροπίρουνα
កាំបិត
τραπεζομάντιλο
កម្រាលតុ

ορεκτικό

អាហារសម្រន់

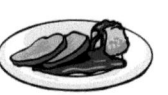

κύριο πιάτο

អាហារសំខាន់

επιδόρπιο

បង្អែម

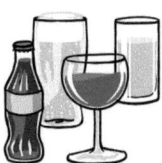

ποτά

ភេសជ្ជៈ

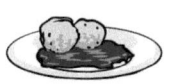

φαγητό

អាហារ

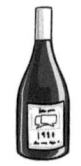

μπουκάλι

ដប

φαστ φουντ

អាហារបេប៉ាស

φαγητό στ' όρθιο

អាហារតាមផ្លូវ

τσαγιέρα

ប៉ាន់តែ

δοχείο ζάχαρης

បុរមប់ស្ករ

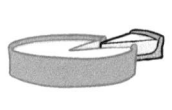  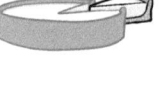

μερίδα

ចំណែក

μηχανή εσπρέσο

ម៉ាស៊ីនតុងកាហ្វេអ៊ិចស្ប្រេស្ស៊ូ

ψηλή καρέκλα

កៅអីខ្ពស់

λογαριασμός

វិក្កយបត្រ

δίσκος

ថាស

μαχαίρι

កាំបិត

πιρούνι

សម

κουτάλι

ស្លាបព្រា

κουταλάκι του τσαγιού

ស្លាបព្រាកាហ្វេ

πετσέτα φαγητού

កន្សែងជូតខ្លួន

ποτήρι

កែវ

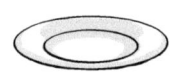

πιάτο
ចានទាប

πιάτο σούπας
ចានស៊ុប

πιατάκι φλιτζανιού
ចានទូរនាប់

σάλτσα
ទឹកជ្រលក់

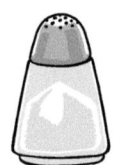

αλατιέρα
ដបអំបិល

μύλος για πιπέρι
បុរដាប់កិនម្រេច

ξύδι
ទឹកខ្មះ

λάδι
ប្រេង

μπαχαρικά
គ្រឿងទេស

κέτσαπ
ទឹកប៉េប៉ោះ

μουστάρδα
ម៉្ញតាក

μαγιονέζα
ទឹកមយ៉ូណា

Supermarket scene with labels:

- προσφορά / ការផ្តល់ជូនពិសេស
- πελάτης / អតិថិជន
- γαλακτοκομικά προϊόντα / ទឹកដោះគោរាវ
- φρούτα / ផលឈើ
- καρότσι για ψώνια / រទេះរុញ

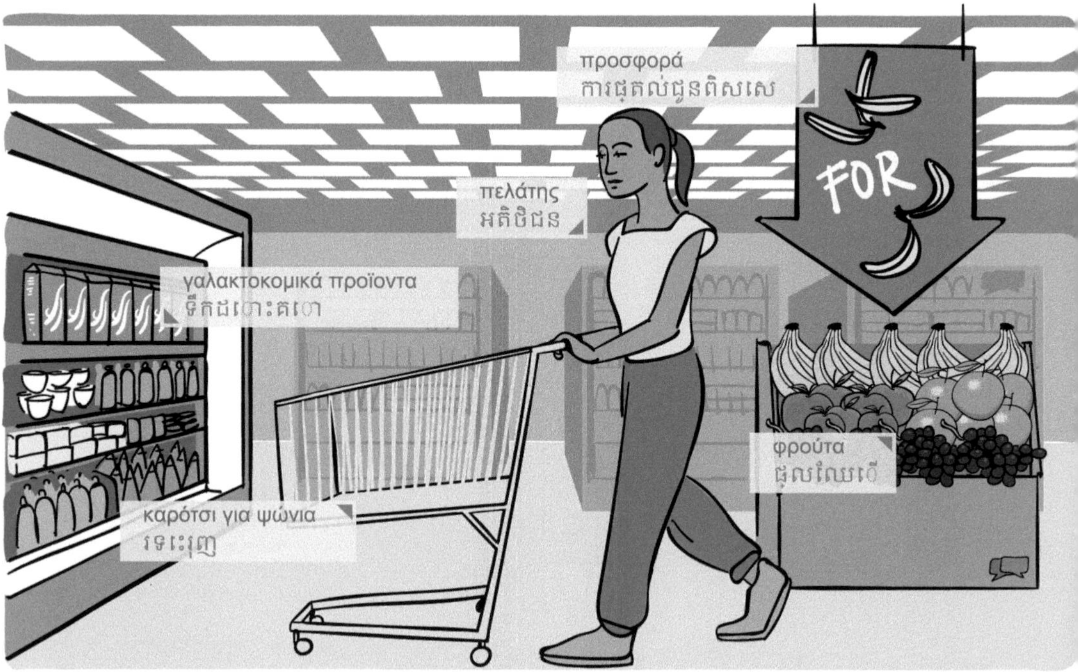

κρεοπωλείο

ហាងកាប់សាច់

φούρνος

ហាងនំបុ័ង

ζυγίζω

ថ្លឹង

λαχανικά

បន្លែ

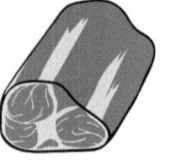

κρέας

សាច់

κατεψυγμένα τρόφιμα

អាហារកុលាសុសរ

αλλαντικά

សាច់កុលាសរ

κονσερβοποιημένη τροφή

អាហារកំប៉ុង

απορρυπαντικό ρούχων

ម្សៅពេលាង

γλυκά

សុអរគុរាប់

οικιακά είδη

ផលិតផលក្នុងគ្រួសារ

καθαριστικά προϊόντα

ផលិតផលសមុអាត

πωλήτρια

អ្នកលក់

ταμείο

ថតដាក់លុយ

ταμίας

បេឡា

λίστα για ψώνια

បញ្ជីទិញទំនិញ

ωράριο λειτουργίας

ម៉ោងធ្វើការ

πορτοφόλι

កាប៉ូបលុយបុរស

πιστωτική κάρτα

កាតឥណទាន

τσάντα

ថង់

πλαστική σακούλα

ថង់ប្លាស្ទិច

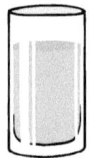

νερό

ទឹក

χυμός

ទឹកផ្លែឈើ

γάλα

ទឹកដោះគោ

κόκα κόλα

កូកាកូឡា

κρασί

ស្រា

μπίρα

ស្រាបៀរ

αλκοόλ

គ្រឿងស្រវឹង

κακάο

កាការ

τσάι

តែ

καφές

កាហ្វេ

εσπρέσο

កាហ្វេអេិចសុពុរេស្ស

καπουτσίνο

កាហ្វេកាពូឈីណូ

μπανάνα

ចេក

μήλο

ផ្លែប៉ោម

πορτοκάλι

ផ្លែក្រូច

πεπόνι

ឪឡឹក

λεμόνι

ក្រូចឆ្មា

καρότο

ការ៉ុត

σκόρδο

ខ្ទឹម

μπαμπού

ប្រស៊ី

κρεμμύδι

ខ្ទឹមបារាំង

μανιτάρι

ផ្សិត

ξηροί καρποί

គ្រាប់ផ្លែឈើ

νουντλς

មី

μακαρόνια
 មីអីតាលី

ρύζι
ហយ

σαλάτα
សាឡាត់

πατατάκια
ដំឡូងចៀន

τηγανητές πατάτες
ដំឡូងចៀន

πίτσα
ភីហ្សា

χάμπουργκερ
បឺហ្គ័

σάντουιτς
សាំងវិច

κοτολέτα
សាច់ជាប់ឆ្អឹងជំនី

ζαμπόν
ហាំ

σαλάμι
សាឡាម៉ី

λουκάνικο
សាច់ក្រក

κοτόπουλο
សាច់មាន់

ψητό
អាំង

ψάρι
ត្រី

χυλός βρώμης

អាវ៊ីនបបរ

μούσλι

មុយ៊្សុលី

κορν φλέικς

ជំឡ្ងចំណិត

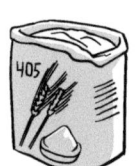

αλεύρι

មុសៅ

κρουασάν

នំគ្រួសង់

ψωμάκι

នំប៉ុងមុយ៉ាងមូលតូចៗ

ψωμί

នំប៉ុង

τοστ

អាំង

μπισκότα

នំប៊ីស្គីី

βούτυρο

ប៊ីរ

τυρόπηγμα

ទឹកដោះខាប់

κέικ

នំខេក

αυγό

ស៊ុត

τηγανητό αυγό

ស៊ុតចៀន

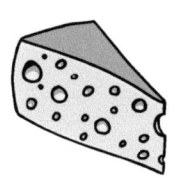

τυρί

ឈីស

παγωτό

ការ៉េម

ζάχαρη

ស្ករ

μέλι

ទឹកឃ្មុំ

μαρμελάδα

ជាំបុ

άλλειμμα σοκολάτας

ក្រឺមតាំងម៉ៃ

κάρυ

ការ៉ី

αγρόκτημα
កសិដ្ឋាន

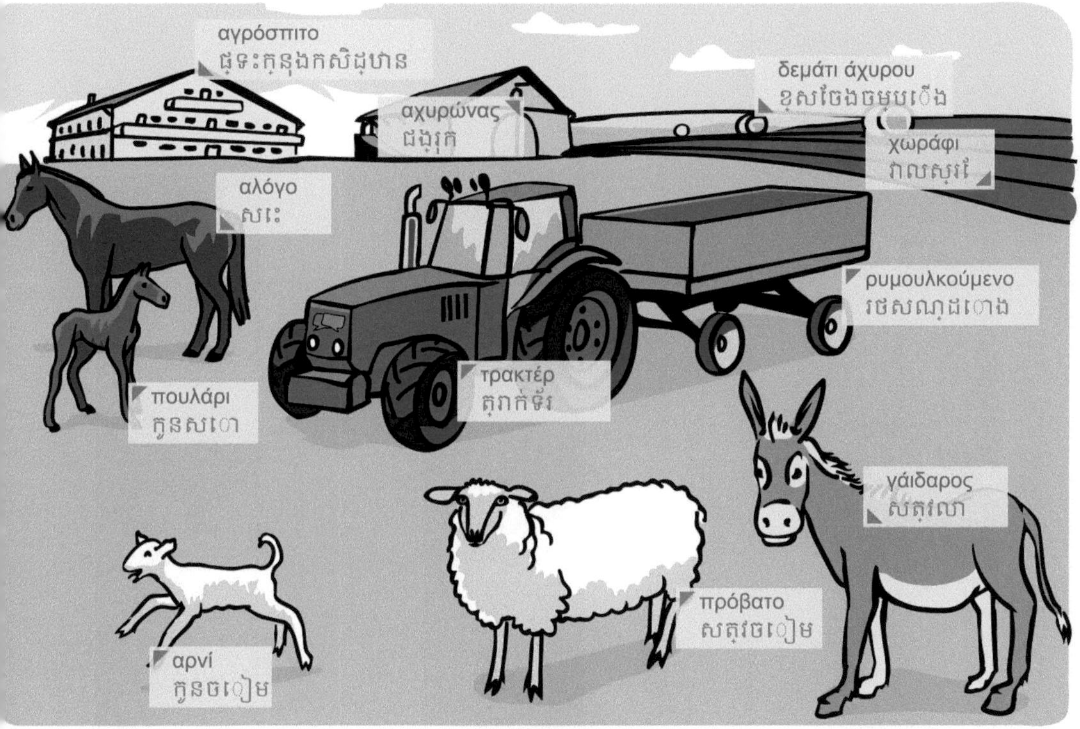
αγρόσπιτο
ផ្ទះក្នុងកសិដ្ឋាន
δεμάτι άχυρου
ខ្សែចងចម្បើង
αχυρώνας
ជង្រុក
χωράφι
វាលស្រែ
αλόγο
សេះ
ρυμουλκούμενο
រថសណ្ដោង
τρακτέρ
ត្រាក់ទ័រ
πουλάρι
កូនសោ
γάιδαρος
សត្វលា
πρόβατο
សត្វចៀម
αρνί
កូនចៀម

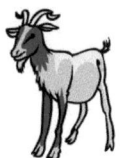

κατσίκα

ពពែ

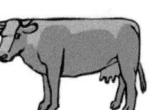

αγελάδα

គោញី

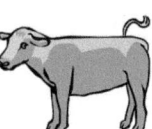

μοσχαράκι

កូនគោ

γουρούνι

ជ្រូក

γουρουνάκι

កូនជ្រូក

ταύρος

គោឈ្មោល

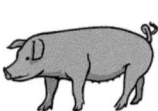

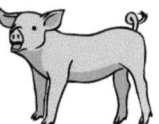

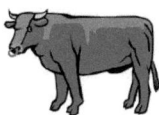

χήνα

សត្វក្ងាន

πάπια

ទា

κοτοπουλάκι

កូនមាន់

κότα

មេមាន់

κόκορας

មាន់ឈ្មោល

αρουραίος

កណ្ដុរ

γάτα

ឆ្មា

ποντίκι

កណ្ដុរប្រមេះ

βόδι

គោឈ្មោល

σκύλος

ឆ្កែ

σπιτάκι σκύλου

ផ្ទះឆ្កែ

λάστιχο κήπου

ទុយោទឹក

ποτιστήρι

ធុងស្រោចទឹក

θεριστήρι

ខូវែបក

αλέτρι

នង្គ័ល

δρεπάνι

កណ្ដៀវ

τσάπα

ចបកាប់

δίκρανο

រនាស់

τσεκούρι

ពូថៅ

χειράμαξα

រទេះរុញ

ταΐστρα

ស្នូក

δοχείο γάλακτος

កំប៉ុងទឹកដោះគោ

σάκος

បាវ

φράχτης

របង

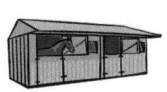

στάβλος

ក្រោល

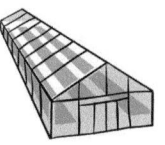

θερμοκήπιο

ផ្ទះកញ្ចក់

έδαφος

ដី

σπόρος

គ្រាប់ពូជ

λίπασμα

ជី

θεριζοαλωνιστική μηχανή

ម៉ាស៊ីនបូរមូលផល

θερίζω
ប្រមូលផល

συγκομιδή
ការប្រមូលផល

γιαμς
ដំឡូងជូ្រក

σιτάρι
ស្រូវសាលី

σόγια
សណ្ដែកសៀង

πατάτα
ដំឡូងជ្រុក

καλαμπόκι
ពោត

κράμβη
គ្រាប់ប្រេងរ៉ៃ

οπωροφόρο δέντρο
ដេ្ឈមឈើហ្សបផ្លៃ

μανιόκα
ដំឡូងមី

δημητριακά
ធញ្ញជាតិ

σπίτι

ផ្ទះ

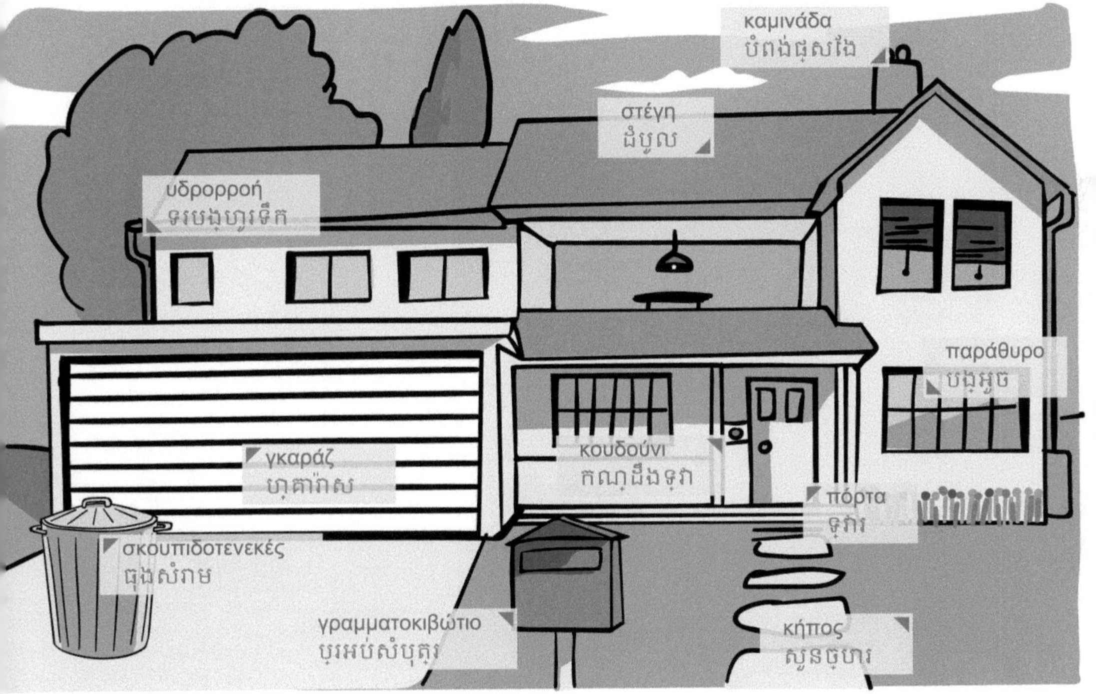
καμινάδα
បំពង់ផ្សែង
στέγη
ដំបូល
υδρορροή
ទរបង្ហូរទឹក
παράθυρο
បង្អួច
γκαράζ
ហ្គារ៉ាស
κουδούνι
កណ្ដឹងទ្វារ
πόρτα
ទ្វារ
σκουπιδοτενεκές
ធុងសំរាម
γραμματοκιβώτιο
ប្រអប់សំបុត្រ
κήπος
សួនច្បារ

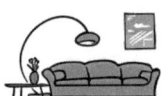

σαλόνι

បន្ទប់ទទួលភ្ញៀវ

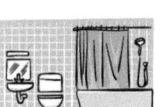

μπάνιο

បន្ទប់ទឹក

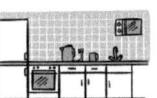

κουζίνα

ផ្ទះបាយ

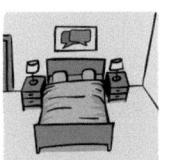

υπνοδωμάτιο

បន្ទប់គេង

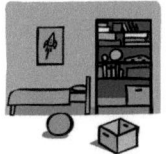

παιδικό δωμάτιο

បន្ទប់របស់កុមារ

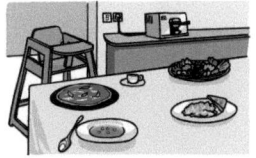

τραπεζαρία

បន្ទប់ទទួលទានអាហារ

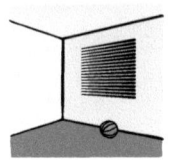

πάτωμα
ជាន់

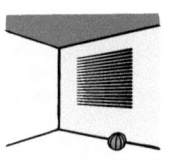

τοίχος
ជញ្ជាំង

οροφή
ពិដាន

κελάρι
បន្ទប់ក្រោមដី

σάουνα
សូណា

μπαλκόνι
យ៉័រ

βεράντα
ផ្ទៃខាងមុខឈើនៅជមុរាលភ្នំ

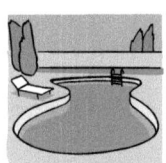

πισίνα
អាងហែលទឹក

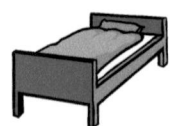

μηχανή του γκαζόν
ម៉ាស៊ីនកាត់ស្មៅ

σεντόνι
សន្លឹក

κάλυμμα κρεβατιού
កម្រាលគ្រប់ដែគេ

κρεβάτι
គ្រែ

σκούπα
អំបោស

κουβάς
ធុង

διακόπτης
កុងតាក់

σαλόνι
បន្ទប់ទទួលភ្ញៀវ

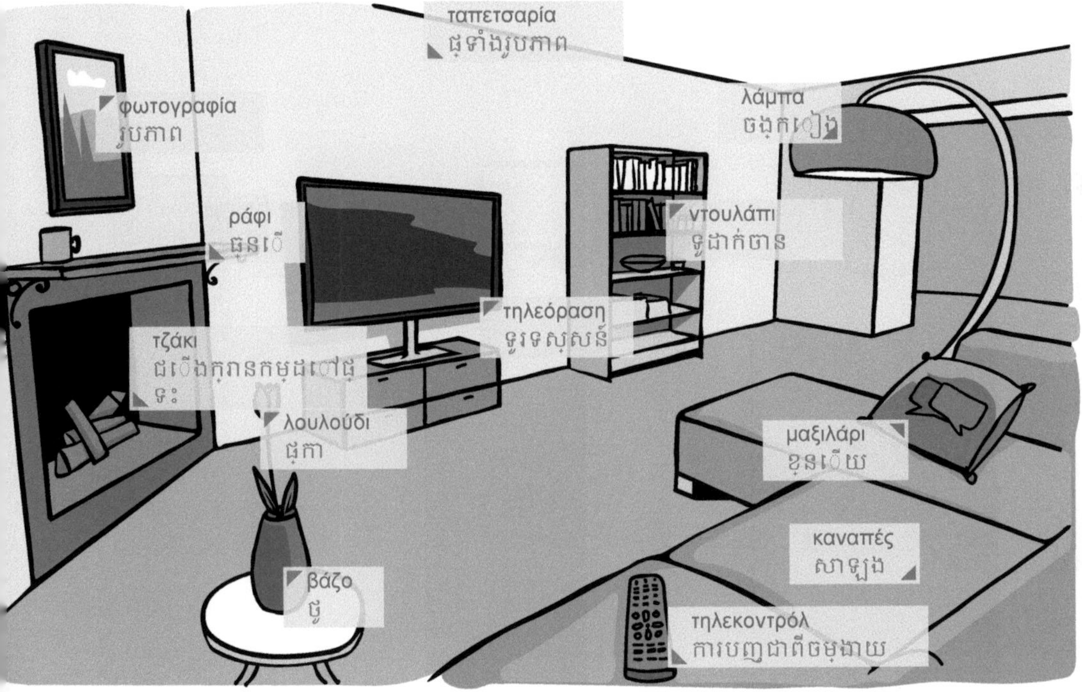
ταπετσαρία
ផ្ទាំងរូបភាព
φωτογραφία
រូបភាព
λάμπα
ចង្កៀង
ράφι
ធ្នើ
ντουλάπι
ទូដាក់ចាន
τηλεόραση
ទូរទស្សន៍
τζάκι
ជើងក្រានកម្ដៅផ្ទះ
λουλούδι
ផ្កា
μαξιλάρι
ខ្នើយ
καναπές
សាឡុង
βάζο
ថូ
τηλεκοντρόλ
ការបញ្ជាពីចម្ងាយ

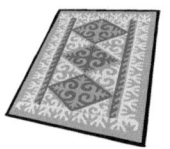

χαλί
កម្រាលព្រំ

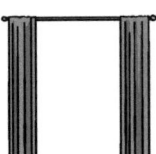

κουρτίνα
វាំងនន

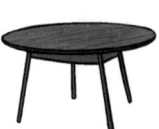

τραπέζι
តុ

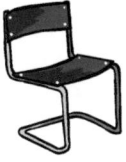

καρέκλα
កៅអី

κουνιστή πολυθρόνα
កៅអីប៉ាក់ប៉ើក

πολυθρόνα
កៅអីភ្នាក់ដៃ

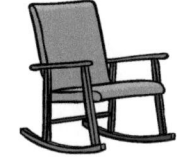

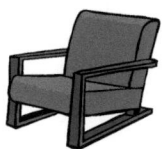

βιβλίο

សៀវភៅ

κουβέρτα

ភួយ

διακόσμηση

ការតុបតែង

καυσόξυλα

អុសដុត

ταινία

ខ្សែភាពយន្ត

στερεοφωνικό σύστημα

ឧបករណ៍ Hi-Fi

κλειδί

កូនសោ

εφημερίδα

កាសែត

πίνακας ζωγραφικής

គំនូរ

αφίσα

ផ្ទាំងរូបភាព

ραδιόφωνο

វិទ្យុ

σημειωματάριο

ណូតផ្គត

ηλεκτρική σκούπα

ម៉ាស៊ីនបូមធូលី

κάκτος

ដើមឈ្ងាយកុស

κερί

ទៀន

κουζίνα
ផ្ទះបាយ

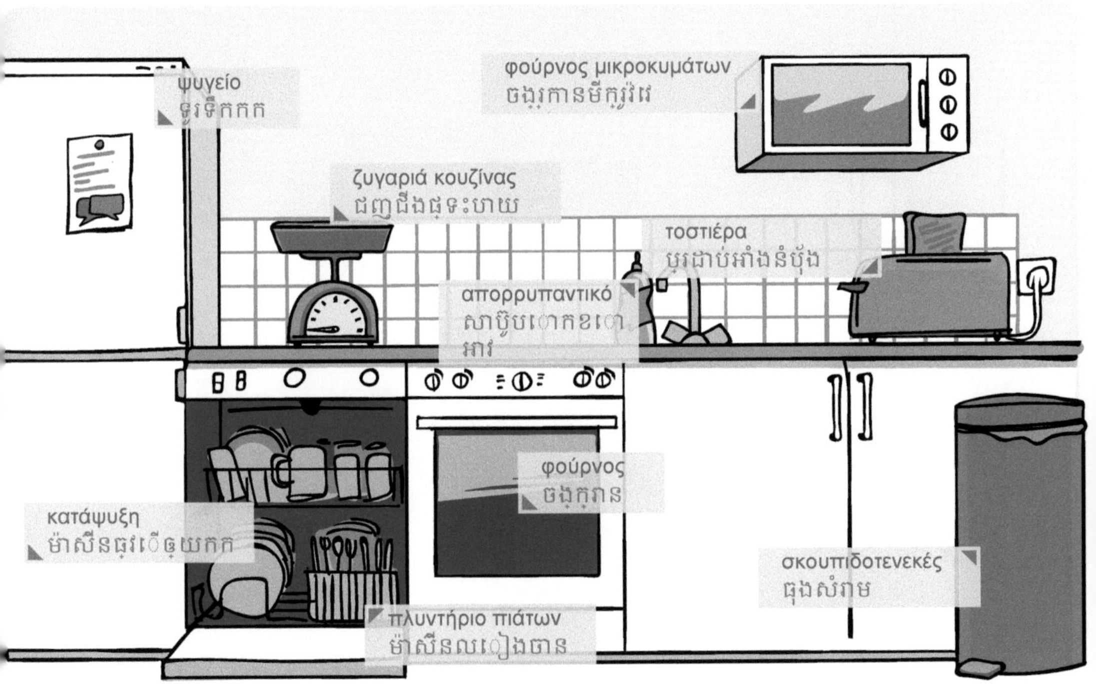
ψυγείο
ទូរទឹកកក
φούρνος μικροκυμάτων
ចង្រ្កានមីក្រូវ៉េវ
ζυγαριά κουζίνας
ជញ្ជីងផ្ទះបាយ
τοστιέρα
ប្រដាប់អាំងនំប៉័ង
απορρυπαντικό
សាប៊ូបោកខោអាវ
φούρνος
ចង្ក្រាន
κατάψυξη
ម៉ាស៊ីនធ្វើទឹកកក
σκουπιδοτενεκές
ធុងសំរាម
πλυντήριο πιάτων
ម៉ាស៊ីនលាងចាន

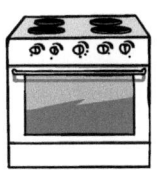

κουζίνα

ចង្ក្រាន

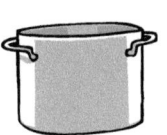

κατσαρόλα

ឆ្នាំង

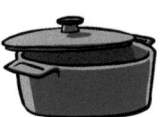

μαντεμένια κατσαρόλα

ឆ្នាំងដែក

γουόκ/καντάι

ខ្ទះ / ខ្ទះឥណ្ឌា

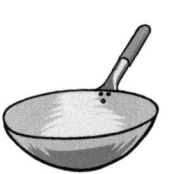

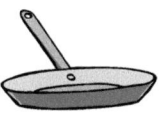

τηγάνι

ខ្ទះ

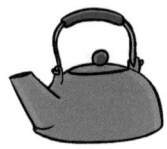

βραστήρας

កំសៀវ

ατμομάγειρας

ឆ្នាំងចំហុយ

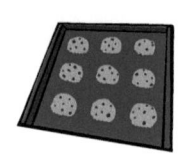

ταψί

ថាសដុតនំ

πιατικά

គ្រឿងចានឆ្នាំងដី

κούπα

ថូ

μπολ

ចានគគោម

ξυλάκια

ចង្កឹះ

κουτάλα

វែកសមុល

σπάτουλα

វែកគូរ

ανακατεύω

ឬដាប់វាយក្រឡុក

σουρωτήρι

តម្រង

σουρωτηράκι

កន្ត្រង

τρίφτης

ឬដាប់កគោសដុង

γουδί

គ្រហាល់

ψησταριά

ការអាំងសាច់

ανοιχτή φωτιά

ចង្ក្រានកាំហា

σανίδα κοπής
ជ្រុញ

πλάστης
ប្រដាប់កិនម្សៅ

ανοιχτήρι φελλών
ប្រដាប់មួរបើកឆ្នុកឧកស្រា

κονσέρβα
កំប៉ុង

ανοιχτήρι κονσέρβας
ប្រដាប់បើកកំប៉ុង

γάντι φούρνου
ក្រណាត់ទ្រាប់ឆ្នាំង

νεροχύτης
កន្លែងលាងចាន

βούρτσα
ជក់

σφουγγάρι
អប៉ុង

μπλέντερ
ម៉ាស៊ីនកួរឡ្បក

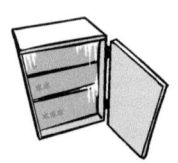

καταψύκτης
ទូរទឹកកកខ្នាតតូច

μπιμπερό
ដបទឹកដោះគោ

βρύση
រ៉ូប៊ីណេ

μπάνιο
បន្ទប់ទឹក

θέρμανση
កម្ដៅ
ντους
ផ្កាឈូក
πετσέτα
កន្សែង
κουρτίνα ντουζ
វាំងននងូតទឹកផ្កាឈូក
αφρόλουτρο
ការងូតទឹកពពុះ
μπανιέρα
អាងងូតទឹក
ποτήρι
កែវ
πλυντήριο ρούχων
ម៉ាស៊ីនបោកគក់
βρύση
រ៉ូប៊ីណេ
πλακάκια
ក្រឡាក្បឿង
γιογιό
ចានបង្គន់
νεροχύτης
កន្លែងលាងចា
ន

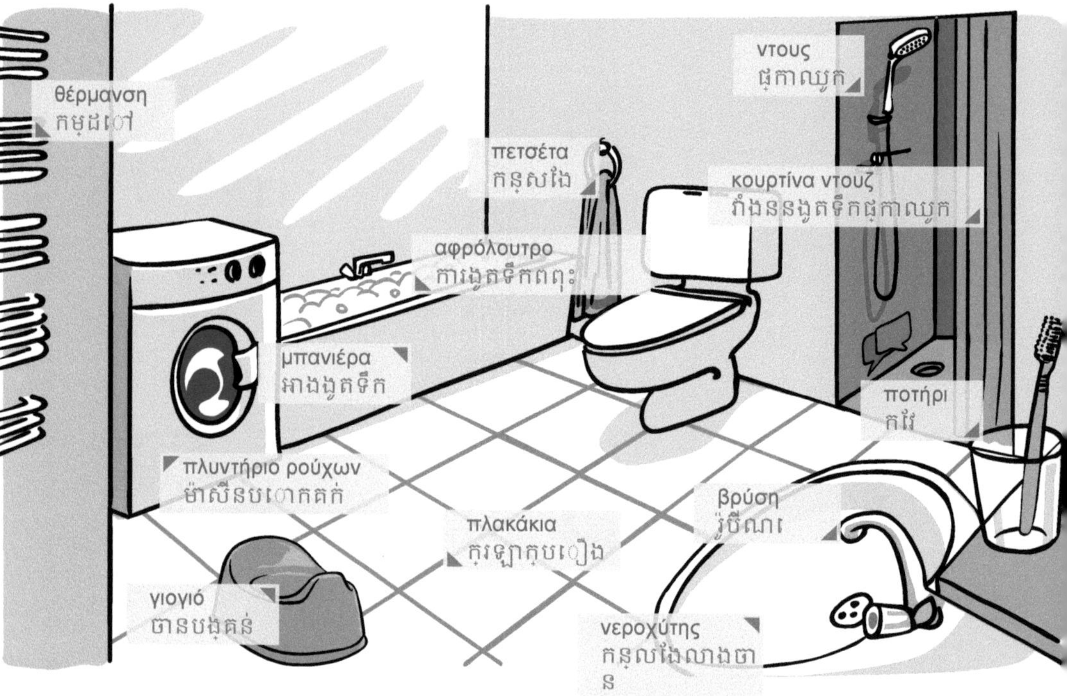

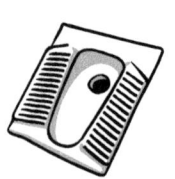

τουαλέτα

បង្គន់

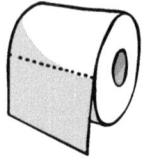

τούρκικη τουαλέτα

បង្គន់អង្គុយ

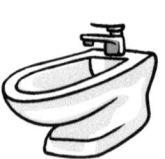

μπιντές

ផើងជម្រះកាយ

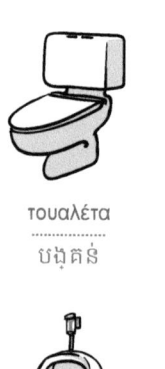

ουρητήριο

ក្លាំទឹកនោម

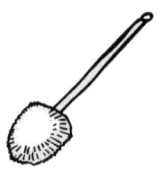

χαρτί υγείας

ក្រដាសបង្គន់

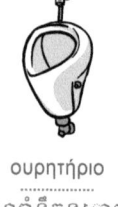

πιγκάλ

ច្រាសដុសបង្គន់ន

οδοντόβουρτσα
ច្រាសដុសធ្មេញ

οδοντόκρεμα
ថ្នាំដុសធ្មេញ

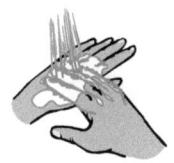

οδοντικό νήμα
ខ្សែទាក់សម្អាតធ្មេញ

πλένω
លាង

τηλέφωνο ντους
បំរោងប់ដាក់ដផ្កាឈូក

ντουσιέρα
ទឹកថ្នាំសម្រាប់ហាញ់លាង

λεκάνη
អាង

βούρτσα πλάτης
ច្រាសដុសខ្នង

σαπούνι
សាប៊ូ

αφρόλουτρο
ជលែសម្រាប់ងួតទឹកផ្កាឈូក
ក

σαμπουάν
សាប៊ូ

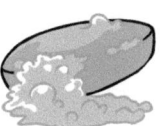

φανέλα
សកុលាត

σιφόνι
បំពង់បង្ហូរទឹក

κρέμα
ក្រមៃ

αποσμητικό
ថ្នាំបំបាត់ក្លិនអាក្រក់

καθρέφτης
កញ្ចក់

καθρέφτης χειρός
កញ្ចក់ដៃ

ξυραφάκι
បរដាប់កោរ

αφρός ξυρίσματος
ហ្វូមកោរពុកមាត់

αφτερσέιβ
ទឹកលាងក្រោយកោរពុកម
ាត់រូច

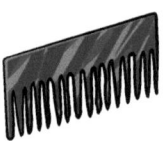

χτένα
កូរស

βούρτσα
ជក់

σεσουάρ
បរដាប់សម្ងួតសក់

λακ
សព្រាយបាញ់សក់

μακιγιάζ
ការតុបតែងមុខ

κραγιόν
ក្រមៅលាបមាត់

βερνίκι νυχιών
ថ្នាំលាបក្រចក

βαμβάκι
ស្នោមកប្បាស

ψαλίδι νυχιών
កន្ត្រៃកាត់ក្រចក

άρωμα
ទឹកអប់

νεσεσέρ

កាបូបបេទាកតត់

σκαμπό

លាមក

ζυγαριά

ជញ្ជីងថ្លឹងទម្ងន់

μπουρνούζι

អាវពាក់ងូតទឹក

ελαστικά γάντια

ស្រោមដៃកៅស៊ូ

ταμπόν

ផ្នុក

πετσέτα υγιεινής

កន្សែងអនាម័យ

χημική τουαλέτα

បង្គន់គីមី

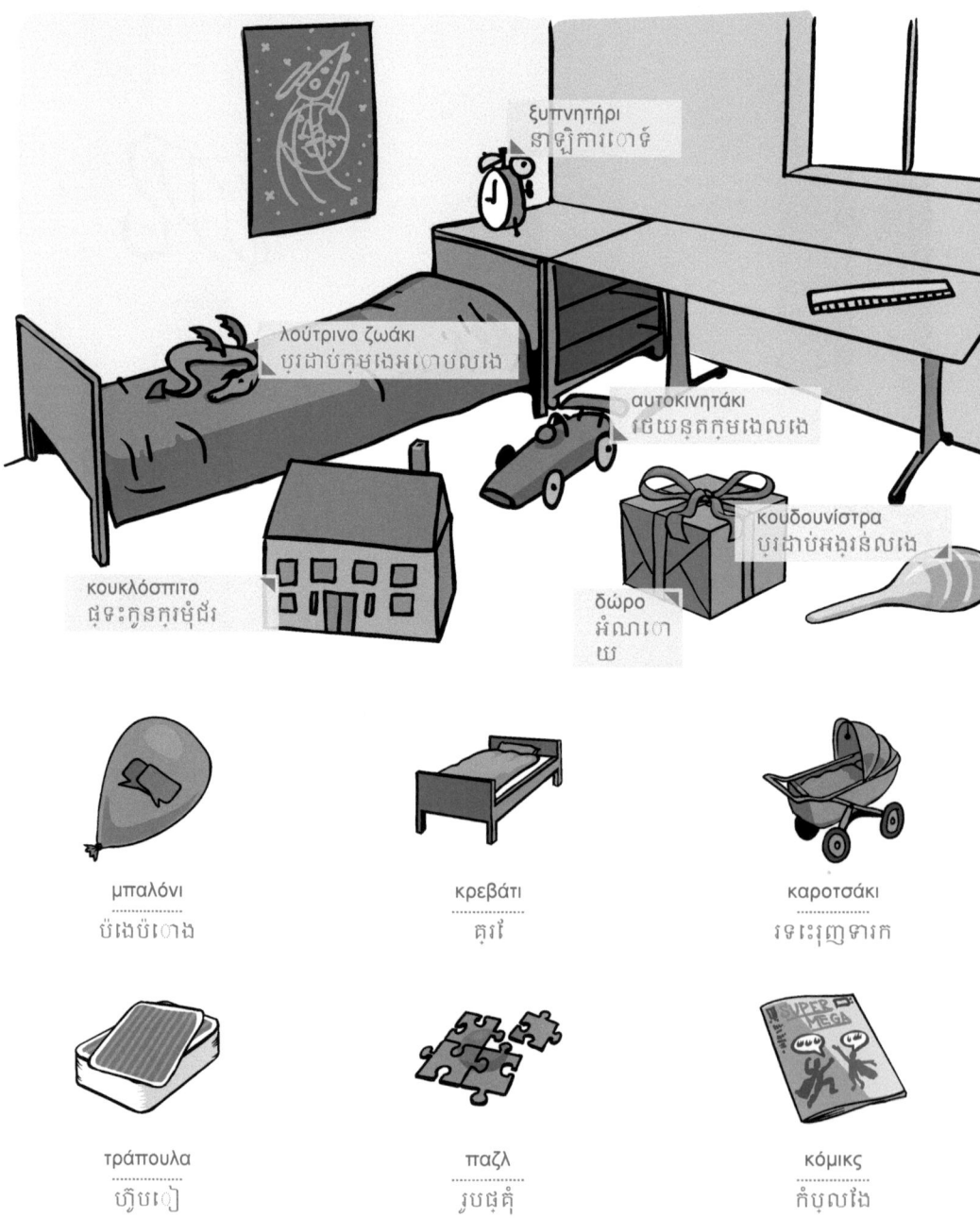

ξυπνητήρι
នាឡិការោទ៍

λούτρινο ζωάκι
បុរដាប់កុមងរោបលង

αυτοκινητάκι
ថេយនុតកុមងលង

κουκλόσπιτο
ផ្ទះកូនកុរម៉ុជ័រ

κουδουνίστρα
បុរដាប់អងុរឺលង

δώρο
អំណោ
យ

μπαλόνι	κρεβάτι	καροτσάκι
ប៉េងប៉ោង	គ្រែរ៉ែ	រទេះរុញទារក

τράπουλα	παζλ	κόμικς
ហ្គបេ៉ៀ	រូបផ្គុំ	កំបុលងៃ

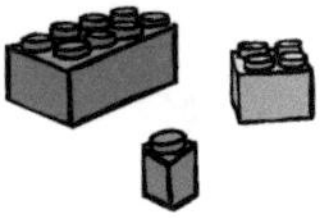

τουβλάκια lego

ឥដ្ឋ Lego

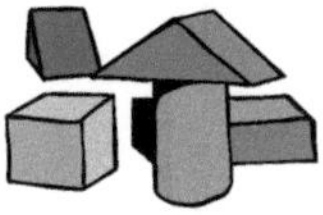

τουβλάκια κατασκευών

ប្លុកប្រដាប់ក្មេងលេង

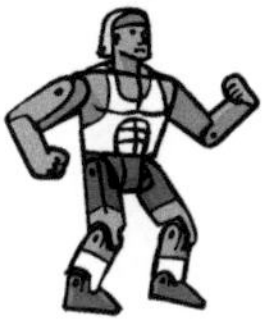

φιγούρα δράσης

តួលេខសកម្មភាព

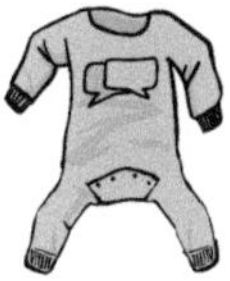

βρεφικό φορμάκι

ខោអាវទារក

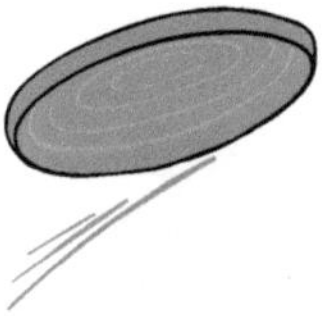

φρίσμπι

ការគប់ថាស

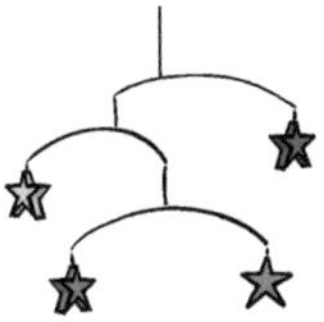

μόμπιλο

ទូរស័ព្ទដៃ

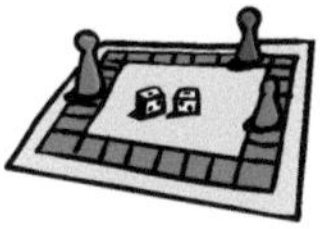

επιτραπέζιο παιχνίδι

ក្តារល្បែង

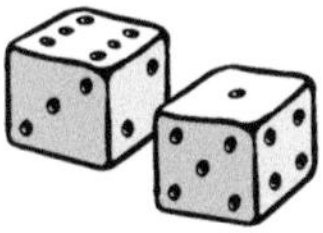

ζάρια

គ្រាប់ឡុកឡាក់

σετ τρενάκι

ឈុតរថភ្លើងគំរូ

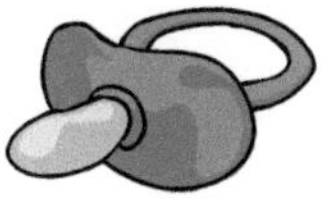

πιπίλα

រូបសំណាក

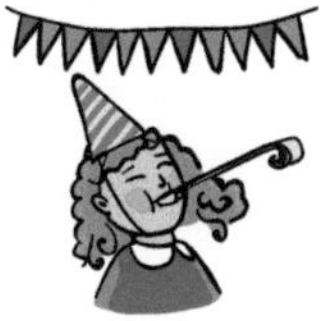

πάρτι

គណបក្ស

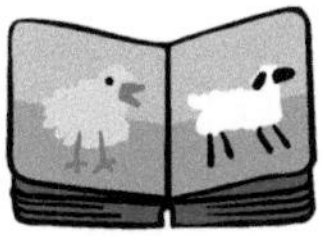

εικονογραφημένο βιβλίο

សៀវភៅរូបភាព

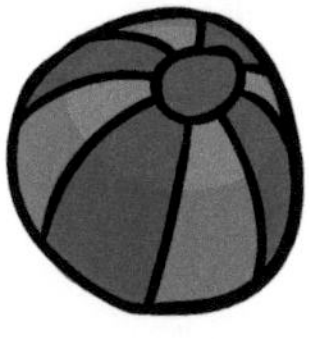

μπάλα

បាល់

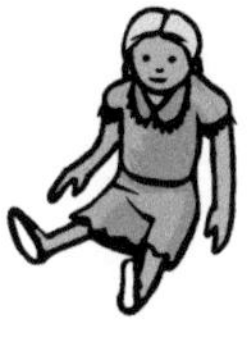

κούκλα

កូនក្រមុំតុក្កតា

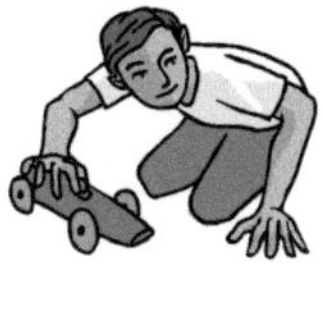

παίζω

លេង

σκάμμα με άμμο
រណ្ដៅទៅខ្សាច់

κούνια
ទោង

παιχνίδια
ប្រដាប់ក្មេងលេង

κονσόλα βιντεοπαιχνιδιών
កុងស្វលវីដេអូហ្គេម

τρίκυκλο
គ្រីចក្រយានយន្ត

αρκουδάκι
តុក្កតាខ្លាឃ្មុំ

ντουλάπα
ទូខោអាវ

κάλτσες
ស្រោមជើង

καλτσοδέτες
ស្រោមជើងវែង

καλσόν
ខោទ្រនាប់នារី

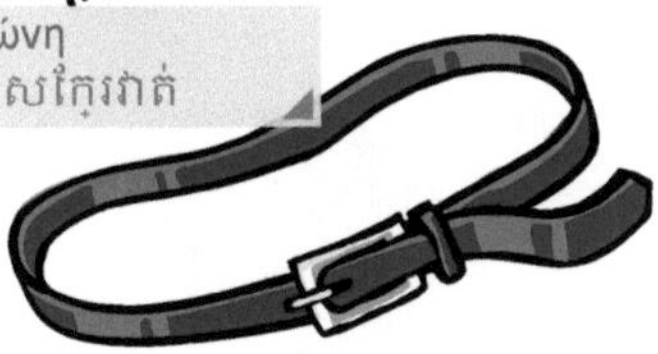

κασκόλ
កូរ៉េម៉ា

ομπρέλα
ឆត្រ

ζώνη
ខ្សែក្រវាត់

μπλουζάκι
អាវយឺត

μπότες
ស្បែកជើងកវែង

παντόφλες
ស្បែកជើងពាក់នៅ
ផ្ទះ

αθλητικά παπούτσια
ស្បែកជើងប៉ាតា

σανδάλια
ស្បែកជើងសង្រែក

παπούτσια
ស្បែកជើង

γαλότσες
ស្បែកជើងករវែងកៅស៊ូ

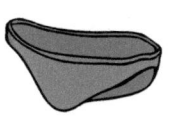

εσώρουχο
ខោទ្រនាប់បុរស

σουτιέν
អាវទ្រនាប់

φανέλα
អាវកាក់

σώμα
រាងកាយ

παντελόνι
ខោវែង

τζιν παντελόνι
ខោខូវប៊ីយ

φούστα
សំពត់

μπλούζα
អាវកុរ៉ៅ

πουκάμισο
អាវ

πουλόβερ
អាវយឺត

πουλόβερ
អាវយឺត

σακάκι
អាវធំ

μπουφάν
អាវកុរ៉ៅ

παλτό
អាវធំ

αδιάβροχο πανωφόρι
អាវក្លូវ្រេង

κοστούμι
គ្រឿងរៀងតង

φόρεμα
អាវរ៉ូប

νυφικό
សំលៀកបំពាក់អាពាហ៍ពិពា
ហ៍

κοστούμι

ឯកសារឈុត

νυχτικό

រូបរាគ្រី

πιτζάμες

ឈុតគេង

σάρι

សារី

μαντήλι

កន្សែងងជូតកុបាល

τουρμπάνι

ឆ្នួត

μπούρκα

សុបម៉ែខ

καφτάνι

kaftan

μουσουλμανικό ένδυμα

abaya

ολόσωμο μαγιό

ឈុតហាលែទឹក

ανδρικό μαγιό

ឯកខលី

σορτς

ឯកខលី

αθλητική φόρμα

ឈុតហាត់កីឡ្ឍា

ποδιά

អាវអៀម

γάντια

ស្រោមដៃ

κουμπί

ឡេវអាវ

γυαλιά

វ៉ែនតា

βραχιόλι

ខ្សែដៃ

περιδέραιο

ខ្សែក

δαχτυλίδι

ចិញ្ចៀន

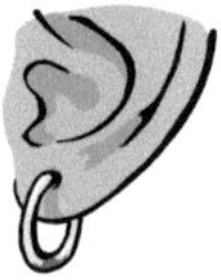

σκουλαρίκι

ក្រវិល

καπέλο

មួក

κρεμάστρα

ប្រដាប់ព្យួរអាវក្រៅ

καπέλο

មួក

γραβάτα

ក្រវ៉ាត់ក

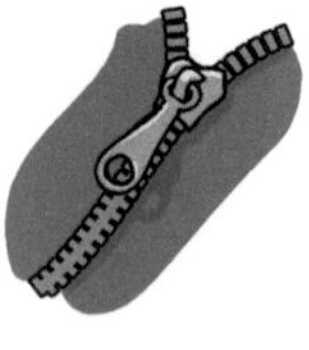

φερμουάρ

រូត

κράνος

មួកសុវត្ថិភាព

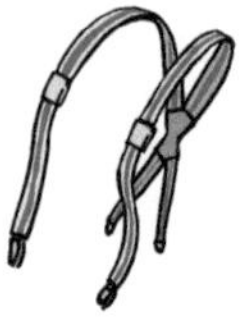

τιράντες

ខ្សៃ

μαθητική στολή

ឯកសណ្ឋានសាលា

στολή

ឯកសណ្ឋាន

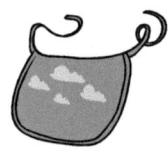

σαλιάρα

អៀមទារក

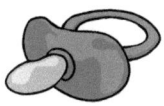

πιπίλα

រូបសំណាក

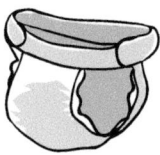

πάνα

ខោទឹកនោម

γραφείο
ការិយាល័យ

σέρβερ
ម៉ាស៊ីនមេ
αρχειοθήκη
ទូឯកសារ
εκτυπωτής
ម៉ាស៊ីនបោះពុម្ព
χαρτί
ក្រដាស
οθόνη
ម៉ូនីទ័រ
ποντίκι
កណ្ដុរ
γραφείο
តុការិយាល័យ
ντοσιέ
ស៊ីឌី
πληκτρολόγιο
ក្ដារចុច
καλάθι αχρήστων
កន្ត្រកដាក់សំរាមក្រដាស
υπολογιστής
កុំព្យូទ័រ
καρέκλα
កៅអី

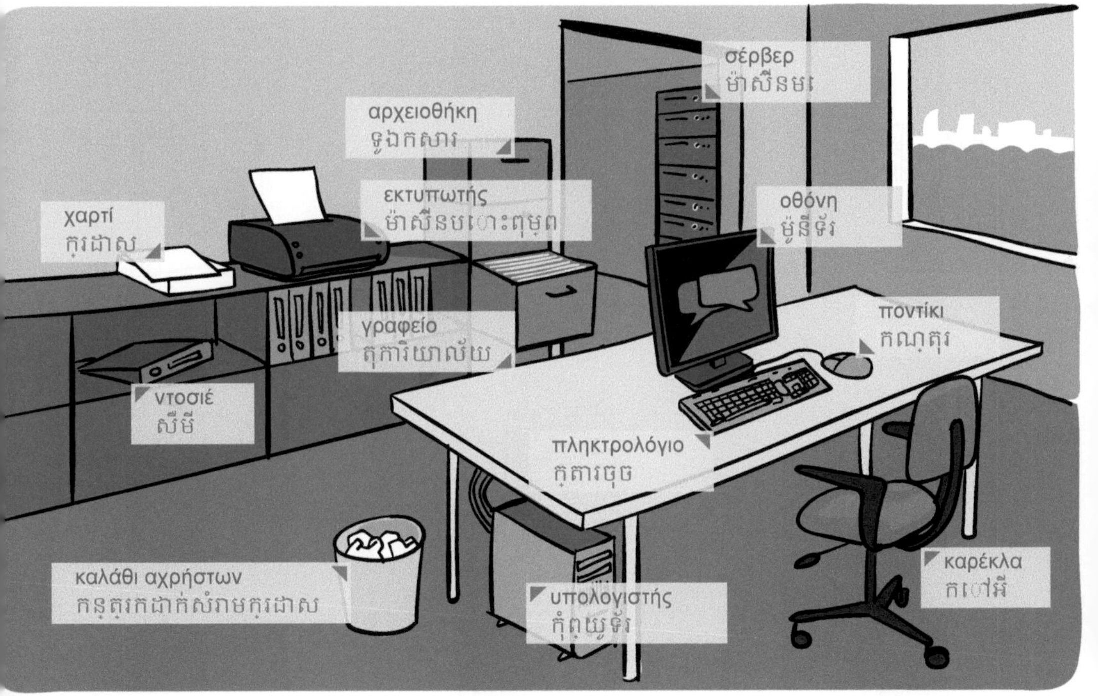

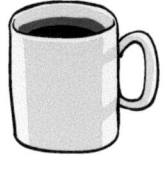

κούπα του καφέ

កែវកាហ្វេ

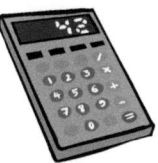

κομπιουτεράκι

ម៉ាស៊ីនគិតលេខ

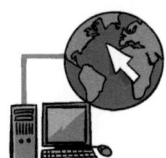

ίντερνετ

អ៊ីនធឺណិត

λάπτοπ
កុំព្យូទ័រយួរដៃ

γράμμα
លិខិត

μήνυμα
សារ

κινητό
ទូរស័ព្ទដៃ

δίκτυο
បណ្តាញ

φωτοτυπικό μηχάνημα
ម៉ាស៊ីនថតចម្លង

λογισμικό
សូហ្វវែរ

τηλέφωνο
ទូរស័ព្ទ

πρίζα
រន្ធដោត

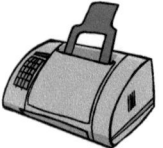

συσκευή φαξ
ម៉ាស៊ីនទូរសារ

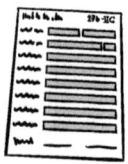

έντυπο
ទម្រង់បែបបទ

έγγραφο
ឯកសារ

αγοράζω

ទិញ

πληρώνω

បង់ប្រាក់

συναλλάσσομαι

ផ្ទេរប្តូរជំនួញ

χρήματα

លុយ

δολάριο

ប្រាក់ដុល្លារ

ευρώ

ប្រាក់អឺរ៉ូ

γιεν

ប្រាក់យ៉េន

ρούβλι

ប្រាក់រូបិល

ελβετικό φράγκο

ហ្វ្រង់ស្វីស

ρενμίνμπι γιουάν

ប្រាក់យ៉ន

ρουπία

ប្រាក់រូពី

ATM (αυτόματη ταμειακή μηχανή)

កន្លែងប្រេរ៉ូសាច់ប្រាក់

ανταλλακτήρια
συναλλάγματος
ការិយាល័យប្តូរប្រាក់

χρυσός
មាស

ασήμι
ប្រាក់

πετρέλαιο
ប្រេង

ενέργεια
ថាមពល

τιμή
តម្លៃ

συμβόλαιο
កិច្ចសន្យា

φόρος
ពន្ធ

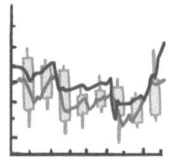

μετοχή
ភាគហ៊ុន

δουλεύω
ធ្វើការ

υπάλληλος
បុគ្គលិក

εργοδότης
និយោជក

εργοστάσιο
រោងចក្រ

κατάστημα
ហាង

αστυνόμος
មនុស្សប៉ូលីស

πυροσβέστης
អ្នកពន្លត់អគ្គិភ័យ

μάγειρας
ចុងភៅ

γιατρός
វេជ្ជបណ្ឌិត

πιλότος
អ្នកបើកយន្តហោះ

κηπουρός

អ្នកថែស្វន

ξυλουργός

ជាងឈើ

μοδίστρα

ជាងកាត់ដេរ

δικαστής

ចៅក្រម

χημικός

គីមីវិទូ

ηθοποιός

តួកុន

οδηγός λεωφορείου

អ្នកបើកឡានក្រុង

ταξιτζής

អ្នកបើកតាក់ស៊ី

ψαράς

អ្នកនេសាទ

καθαρίστρια

សុត្រីអ្នកសម្អាត

τεχνίτης στεγών

ជាងដំបូល

σερβιτόρος

អ្នករត់តុ

κυνηγός

អ្នកបរបាញ់សត្វ

ζωγράφος

វិចិត្រករ

αρτοποιός

អ្នកដុតនំ

ηλεκτρολόγος

ជាងអគ្គីសនី

οικοδόμος

ជាងសំណង់

μηχανολόγος

វិស្វករ

κρεοπώλης

អ្នកកាប់សាច់

υδραυλικός

ជាងជួសជុលទុយោរទឹក

ταχυδρόμος

អ្នករត់សំបុត្រ

στρατιώτης

ទាហាន

αρχιτέκτονας

ស្ថាបត្យករ

ταμίας

បេឡា

ανθοπώλης

អ្នកលក់ផ្កា

κομμωτής

អ្នកអ៊ិតសក់

ελεγκτής εισιτηρίων

អ្នកយកលុយ

μηχανικός

ជាងម៉ាស៊ីន

καπετάνιος

កាព់ទែន

οδοντίατρος

ពេទ្យធ្មេញ

επιστήμονας

អ្នកវិទ្យាសាស្ត្រ

ραβίνος

គ្រូបង្រៀនច្បាប់សញ្ញជាតិ
ជ្ឈឺវ

ιμάμης

លោកសង្ឃយចាម

μοναχός

ព្រះសង្ឃយ

ιερέας

បព្វជិត

εργαλεία
ឧបករណ៍

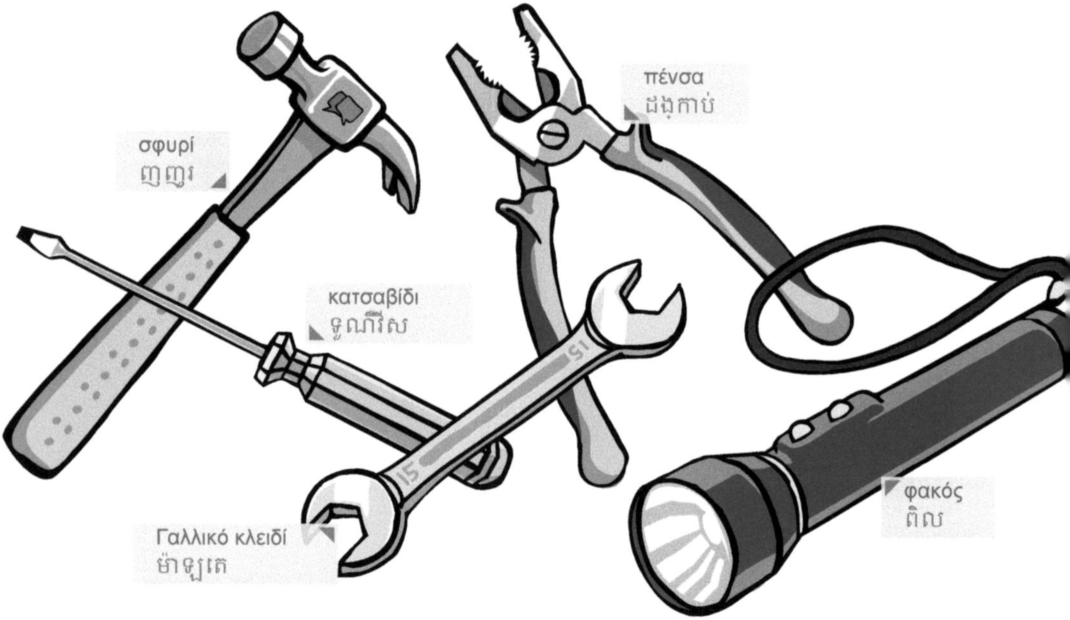

πένσα
ដង្កាប់
σφυρί
ញញួរ
κατσαβίδι
ទួណឺវីស
φακός
ពិល
Γαλλικό κλειδί
ម៉ាឡេត

εκσκαφέας

ម៉ាស៊ីនជីក

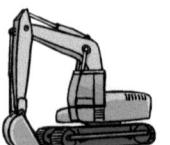

εργαλειοθήκη

ប្រអប់ឧបករណ៍

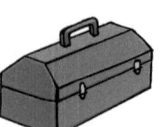

σκάλα

ជណ្តើរ

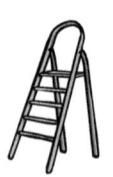

πριόνι

រណារ

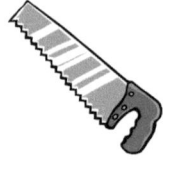

καρφιά

ដែកគោល

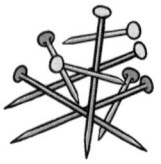

τρυπάνι

ប្រដាប់ស្វាន

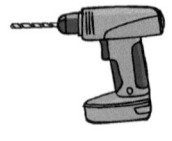

επισκευάζω
ជួសជុល

φτυάρι
ប៉ែល

Να πάρει!
ចង្រៃ!

φαράσι
ប្រដាប់ច្រូតធូលី

δοχείο χρωμάτων
ធុងថ្នាំពណ៌

βίδες
វីស

μουσικά όργανα
ឧបករណ៍តន្ត្រី

ντραμς
ឈុតស្គរ

μεγάφωνο
ឧបករណ៍បំពងសំឡេង

κοντραμπάσο
បាសពីរ

τρομπέτα
គ្រែវែ

κιθάρα
ហ្គីតា

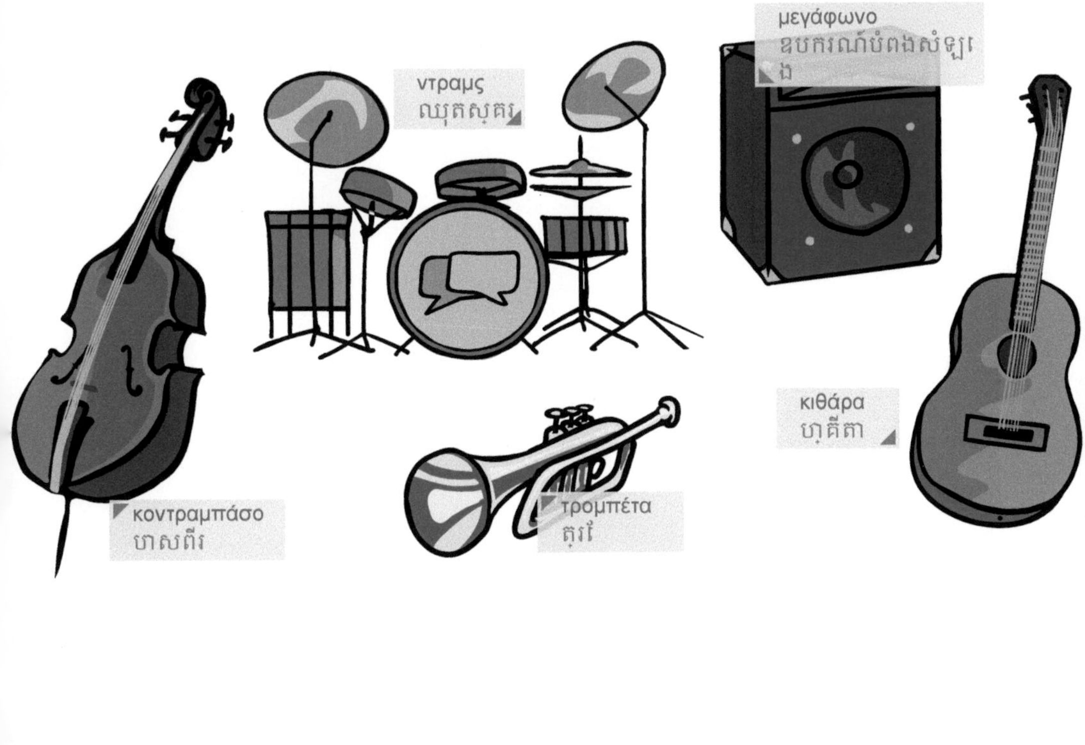

πιάνο

ព្យាណូ

βιολί

វីយូឡុង

μπάσο

បាស

τύμπανα

ស្គររោសស្គបកៃមុយ៉ាង

τύμπανο

ស្គរ

πλήκτρα

យ៉ឺបត

σαξόφωνο

សាក់ស៊ូហ្វូន

φλάουτο

ខ្លុយ

μικρόφωνο

ម៉ៃក្រូហ្វូន

ζωολογικός κήπος
សួនសត្វ

είσοδος
ច្រកចូល
τίγρης
សត្វខ្លា
κλουβί
ទ្រុង
ζέβρα
សេះបង្កង់
ζωοτροφή
ការឱ្យចំណីសត្វ
πάντα
ខ្លាឃ្មុំផេនដា

ζώα
សត្វ

ελέφαντας
សត្វដំរី

καγκουρό
សត្វកង់ហ្គារូ

ρινόκερος
សត្វរមាស

γορίλας
សត្វស្វាហ្គ័រីឡា

αρκούδα
ខ្លាឃ្មុំពណ៌ត្នោត

καμήλα
សត្វអូដ្ឋ

στρουθοκάμηλος
សត្វអូម្ទ្រីស

λιοντάρι
សត្វតោ

πίθηκος
ស្វា

φλαμίνγκο
សត្វក្រៀល

παπαγάλος
សកែ

πολική αρκούδα
ខ្លាឃ្មុំតំបន់ប៉ូល

πιγκουίνος
ផេនយ៉ូវីន

καρχαρίας
គ្រាំឆ្លាម

παγώνι
ក្ងោក

φίδι
សត្វពស់

κροκόδειλος
ក្រពើ

φύλακας ζωολογικού κήπου
អ្នករក្សាសួនសត្វ

φώκια
ឆ្មាទឹក

τζάγκουαρ
ខ្លារខិនមុយ៉ាង

60

πόνυ

ក្ងនសៈ

λεοπάρδαλη

ខ្លារខិន

ιπποπόταμος

សត្វដំរីទឹក

καμηλοπάρδαλη

សត្វករ៉ៃ

αετός

ពន្ធ្វរ

αγριογούρουνο

ជ្រូក

ψάρι

ត្រី

χελώνα

អណ្ដើកទ្ងិក

θαλάσσιος ίππος

ល្ពេមមធ្ចា

αλεπού

កញ្ជ្រោង

γαζέλα

ក្ដាន់

αθλήματα
កីឡា

Αμερικάνικο ποδόσφαιρο
កីឡាបាល់ទាត់អាមេរិក

ποδηλασία
ការប្រណាំងកង់

αντισφαίριση
កីឡាទឺននិស

μπάσκετ
កីឡាបាល់បោះ

κολύμβηση
កីឡាហែលទឹក

χόκεϋ επί πάγου
កីឡាវាយកូនបាល់លើទឹក
កក

πυγχαμία
កីឡាប្រដាល់

ποδόσφαιρο	μπάντμιντον	στίβος
កីឡាបាល់ទាត់	កីឡាវាយសី	អត្តពលកម្ម
χάντμπολ	σκι	πόλο
កីឡាបាល់ការ់	ការជិះស្គី	ប៉ូឡូ

δραστηριότητες
សកម្មភាពនានា

γελάω
សើច
πηδάω
លោត
αγκαλιάζω
ឱប
περπατάω
ដើរ
τραγουδάω
ច្រៀង
ονειρεύομαι
សុបិន្ត
προσεύχομαι
អធិស្ឋាន
φιλάω
ថើប

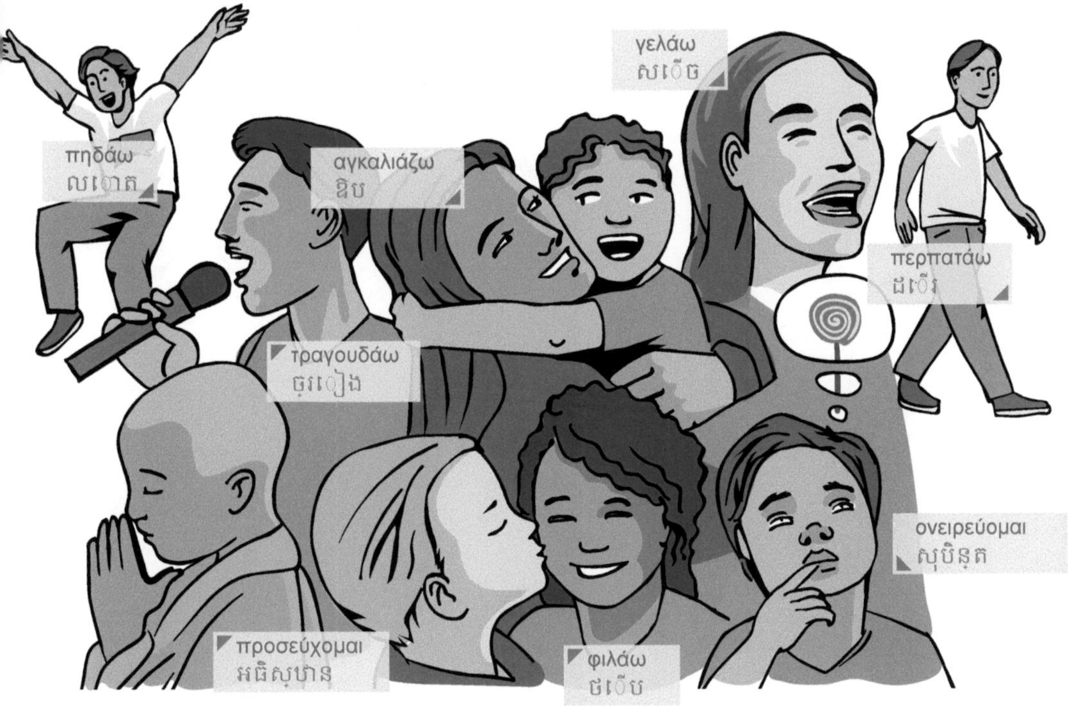

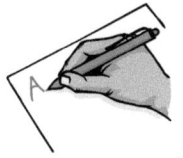

γράφω
សរសេរ

σχεδιάζω
គូរ

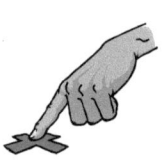

δείχνω
បង្ហាញ

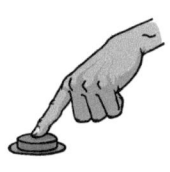

πιέζω
រុញ

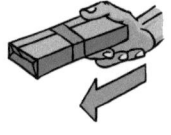

δίνω
ឲ្យ

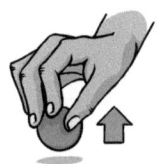

παίρνω
យក

έχω

មាន

κάνω

ធ្វើ

είμαι

គឺ

στέκομαι

ឈរ

τρέχω

រត់

τραβάω

ទាញ

ρίχνω

បោះ

πέφτω

ធ្លាក់

ξαπλώνω

កុហាក

περιμένω

រង់ចាំ

κουβαλώ

យួរ

κάθομαι

អង្គុយ

φοράω

ស្លៀកពាក់

κοιμάμαι

ដេក

ξυπνάω

ភ្ញាក់ឡើង

κοιτάω

មេឃ៌ល

κλαίω

យំ

χαϊδεύω

គូសវាស

χτενίζω

សិតសក់

μιλάω

និយាយ

καταλαβαίνω

យល់

ρωτάω

សួរ

ακούω

ស្ដាប់

πίνω

ផឹក

τρώω

បរិភោគ

συγυρίζω

សម្អាត

αγαπάω

ស្រលាញ់

μαγειρεύω

ចម្អិន

οδηγώ

បើកបរ

πετάω

ហោះ

κάνω ιστιοπλοΐα
ចិកទូក

υπολογίζω
គណនា

διαβάζω
អាន

μαθαίνω
រៀន

δουλεύω
ធ្វើការ

παντρεύομαι
រៀបការ

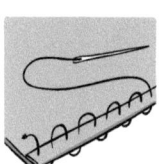

ράβω
ដេរ

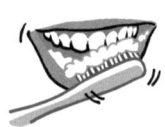

βουρτσίζω τα δόντια
ដុសធ្មេញ

σκοτώνω
សម្លាប់

καπνίζω
ជក់

στέλνω
ផ្ញើ

γιαγιά
ជីដូន

παππούς
ជីតា

πατέρας
ឪពុក

μητέρα
ម្ដាយ

μωρό
ទារក

κόρη
កូនស្រី

γιος
កូនប្រុស

καλεσμένος
ភ្ញៀវ

θεία
មីង

θείος
ពូ

αδελφός
បងប្អូនប្រុស

αδελφή
បងប្អូនស្រី

σώμα
រាងកាយ

μέτωπο
ថ្ងាស
μάτι
ភ្នែក
ώμος
ស្មា
δάχτυλο
ម្រាមដៃ
πρόσωπο
មុខ
πιγούνι
ចង្កា
χέρι
ដៃ
πόδι
ជើង
στήθος
សុដន់
βραχίονας
ដៃ

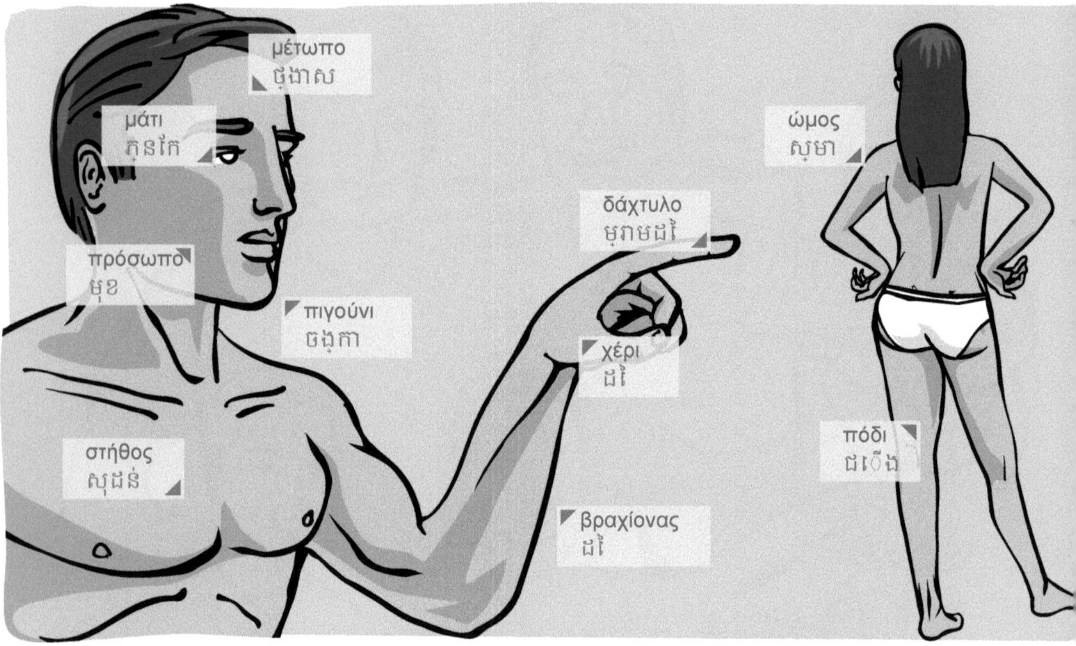

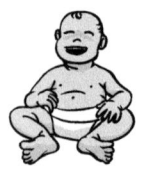

μωρό
ទារក

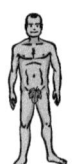

άνδρας
បុរស

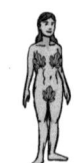

γυναίκα
ស្ត្រី

κορίτσι
ក្មេងស្រី

αγόρι
ក្មេងប្រុស

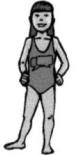

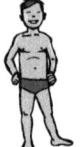

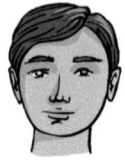

κεφάλι
ក្បាល

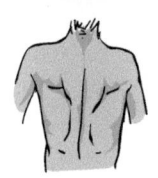

πλάτη
ខ្នង

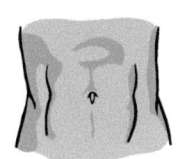

κοιλιά
ពោះ

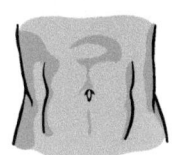

αφαλός
ផ្ចិត

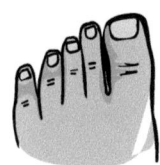

δάχτυλο ποδιού
ម្រាមជើង

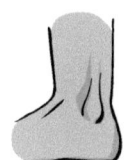

φτέρνα
កែងជើង

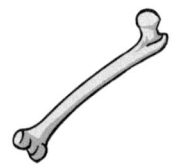

κόκκαλο
ឆ្អឹង

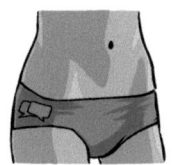

γοφός
គូទគាក

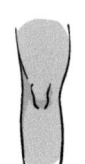

γόνατο
ជង្គង់

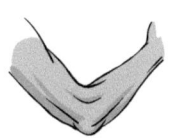

αγκώνας
កែងដៃ

μύτη
ច្រមុះ

γλουτός
គូទ

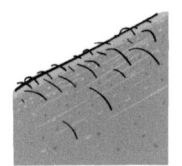

δέρμα
ស្បែក

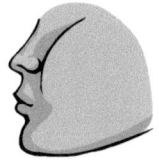

μάγουλο
ថ្ពាល់

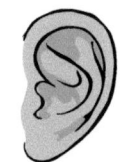

αυτί
ត្រចៀក

χείλος
បបូរមាត់

στόμα

មាត់

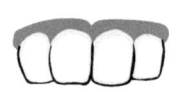

δόντι

ធ្មេញ

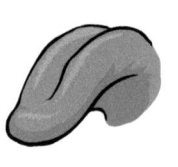

γλώσσα

អណ្តាត

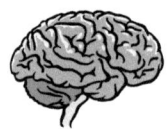

εγκέφαλος

ខួរក្បាល

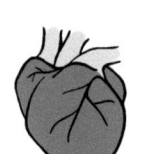

καρδιά

បេះដូង

μυς

សាច់ដុំ

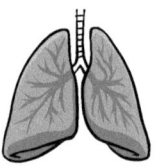

πνεύμονας

សួត

συκώτι

ថ្លើម

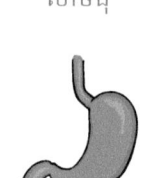

στομάχι

ក្រពះ

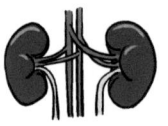

νεφρά

តម្រងនោម

σεξουαλική επαφή

ការរួមភេទ

προφυλακτικό

ស្រោមអនាម័យ

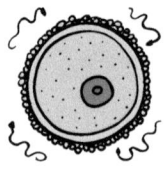

ωάριο

អូវុល

σπέρμα

ទឹកកាម

εγκυμοσύνη

ការមានផ្ទៃពោះ

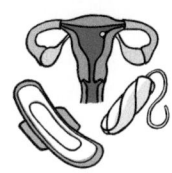

περίοδος

មករដូវ

γυναικείος κόλπος

ទ្វារមាស

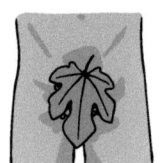

πέος

លិង្គ

φρύδι

ចិញ្ចើមភ្នែក

μαλλιά

សក់

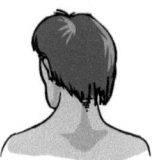

λαιμός

ក

νοσοκομείο
មន្ទីរពេទ្យ

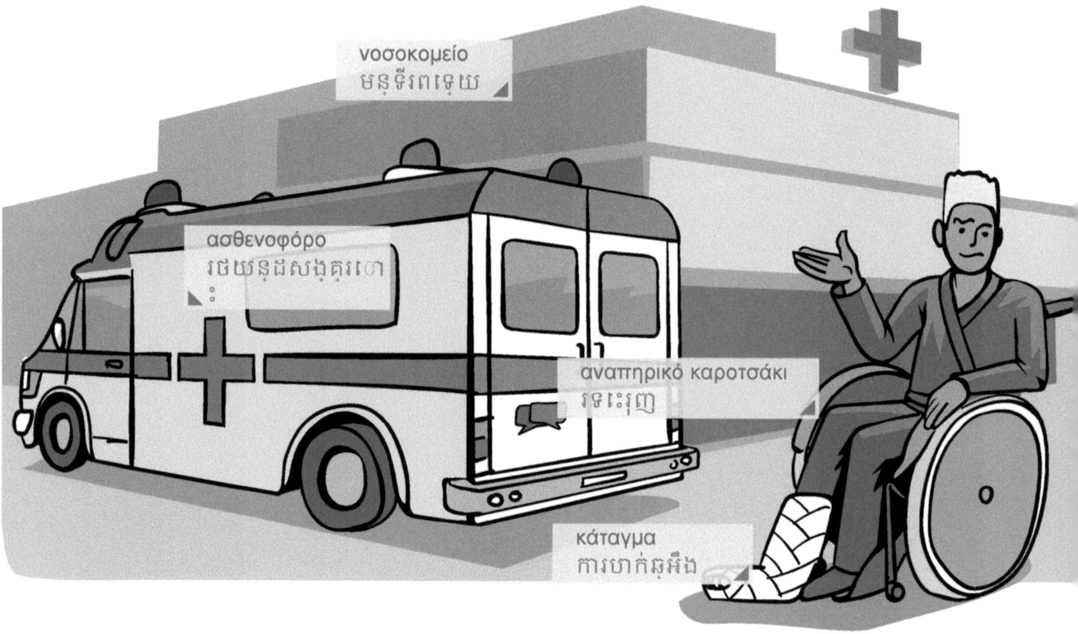

ασθενοφόρο
រថយន្តដឹកសង្គ្រោះ

αναπηρικό καροτσάκι
រទេះរុញ

κάταγμα
ការបាក់ឆ្អឹង

γιατρός
វេជ្ជបណ្ឌិត

μονάδα εντατικής θεραπείας
បន្ទប់សង្គ្រោះបន្ទាន់

νοσοκόμα
គិលានុបដ្ឋាយិកា

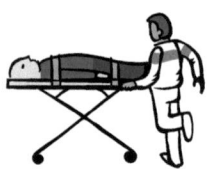

έκτακτη ανάγκη
សង្គ្រោះបន្ទាន់

λιπόθυμος
សន្លប់

πόνος
ការឈឺចាប់

τραύμα

ការរងរបួស

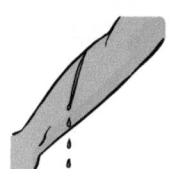

αιμορραγία

ការហូរឈាម

έμφραγμα

គាំងបេះដូង

εγκεφαλικό

ជម្ងឺដាច់សសៃឈាមក្នុង
ក្បាល

αλλεργία

អាលែកហ្សី

βήχας

ក្អក

πυρετός

ជម្ងឺគ្រុន

γρίπη

ជម្ងឺផ្តាសាយ

διάρροια

ជម្ងឺរាគ្គូស

πονοκέφαλος

ឈឺក្បាល

καρκίνος

ជម្ងឺមហារីក

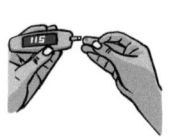

διαβήτης

ជម្ងឺទឹកនោមផ្អែម

χειρουργός

គ្រូពេទ្យវះកាត់

νυστέρι

កាំបិតវះកាត់

εγχείρηση

បុរេតិបត្ដិការ

αξονική τομογραφία
CT

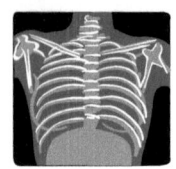

ακτινογραφία
កាំរស្មីអ៊ិច

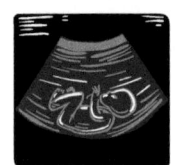

υπέρηχος
អេកូ

μάσκα
របាំងមុខ

ασθένεια
ជំងឺ

αίθουσα αναμονής
បន្ទប់បន្ទប់ទុប

πατερίτσα
ឈើច្រត់

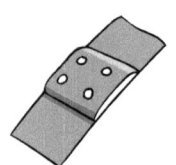

χάνσαπλαστ
មនាងស៊ីឡា

επίδεσμος
បង់រុំ

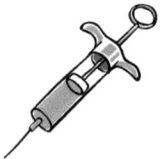

ένεση
ការចាក់ថ្នាំ

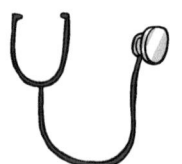

στηθοσκόπιο
ស្ដេតូ

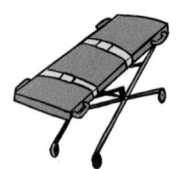

φορείο
ស្នែងបែររួស

θερμόμετρο
ទែម៉ូម៉ែត្រពេទ្យយាបាល

γέννηση
កំណើត

υπέρβαρο
លើសទម្ងន់

νοσοκομείο - មន្ទីរពេទ្យ

ακουστικό βαρηκοΐας

ឧបករណ៍ជំនួយការស្ដាប់

αντισηπτικό

សារធាតុសម្លាប់មេរោគ

λοίμωξη

ការឆ្លងមេរោគ

ιός

មេរោគ

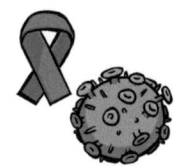

HIV/AIDS

មេរោគអេដស៍ / ជំងឺអេដស៍

φάρμακο

ថ្នាំពេទ្យ

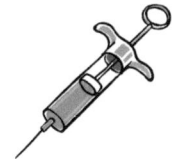

εμβολιασμός

ការចាក់ថ្នាំបង្ការ

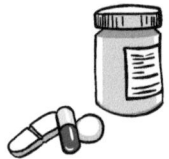

δισκία

ថ្នាំគ្រាប់

χάπι

ថ្នាំគ្រាប់

κλήση έκτακτης ανάγκης

ការហៅពេលអាសន្ន

πιεσόμετρο αίματος

ឧបករណ៍ពិនិត្យសម្ពាធ
ឈាម

άρρωστος / υγιής

ឈឺ / មានសុខភាពល្អ

Βοήθεια!
ជំនួយ!

συναγερμός
សំឡេងរោទ៍

βιαιοπραγία
ការវាយលុក

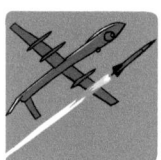

επίθεση
ការវាយប្រហារ

κίνδυνος
គ្រោះថ្នាក់

έξοδος κινδύνου
ច្រកចេញគ្រោះអាសន្ន

Φωτιά!
អគ្គីភ័យ!

πυροσβεστήρας
បំពង់ពន្លត់អគ្គីភ័យ

ατύχημα
គ្រោះថ្នាក់

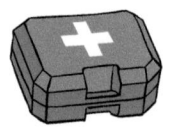

κουτί πρώτων βοηθειών
ឧបករណ៍ជំនួយបឋម

SOS
SOS

αστυνομία
ប៉ូលិស

Ευρώπη

អឺរុប

Βόρεια Αμερική

អាមេរិកខាងជើង

Νότια Αμερική

អាមេរិកខាងត្បូង

Αφρική

អាហ្វ្រិក

Ασία

អាស៊ី

Αυστραλία

អូស្ត្រាលី

Ατλαντικός Ωκεανός

អាត្លង់ទិច

Ειρηνικός Ωκεανός

ប៉ាស៊ីហ្វិក

Ινδικός Ωκεανός

មហាសមុទ្រឥណ្ឌា

Ανταρκτικός Ωκεανός

មហាសមុទ្រអង់តាក់ទិច

Αρκτικός Ωκεανός

មហាសមុទ្រអាកទិច

Βόρειος Πόλος

ប៉ូលខាងជើង

Νότιος Πόλος

ប៉ូលខាងត្បូង

Ανταρκτική

អង់តាក់ទិក

Γη

ផែនដី

γη

ដីគោក

θάλασσα

សមុទ្រ

νησί

កោះ

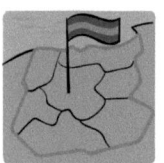

έθνος

ប្រទេសជាតិ

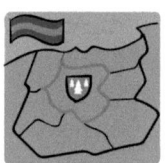

πολιτεία

រដ្ឋ

καντράν ρολογιού
មុខនាឡិកា

ωροδείκτης
ទ្រនិចម៉ោង

λεπτοδείκτης
ទ្រនិចនាទី

δείκτης δευτερολέπτων
ទ្រនិចវិនាទី

Τι ώρα είναι;
ម៉ោងប៉ុន្មាន?

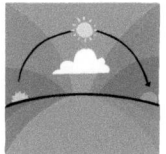

ημέρα
ថ្ងៃ

χρόνος
ពេលវេលា

τώρα
ឥឡូវនេះ

ψηφιακό ρολόι
នាឡិកាឌីជីថល

λεπτό
នាទី

ώρα
ម៉ោង

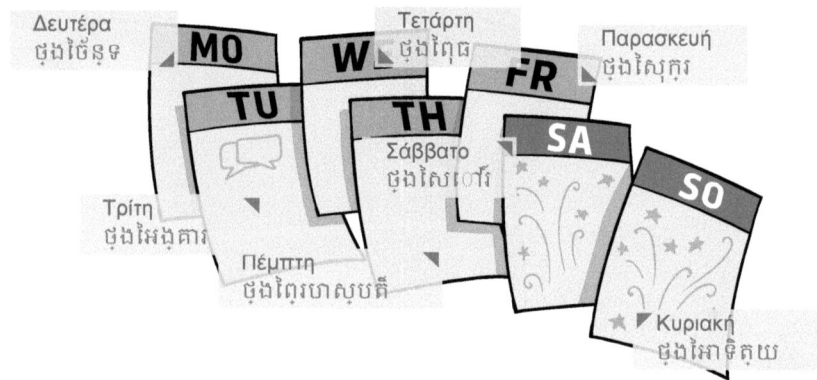

Δευτέρα
ថ្ងៃច័ន្ទ

Τετάρτη
ថ្ងៃពុធ

Παρασκευή
ថ្ងៃសុក្រ

Τρίτη
ថ្ងៃអង្គារ

Πέμπτη
ថ្ងៃព្រហស្បតិ៍

Σάββατο
ថ្ងៃសៅរ៍

Κυριακή
ថ្ងៃអាទិត្យ

χθες
ម្សិលមិញ

σήμερα
ថ្ងៃនេះ

αύριο
ថ្ងៃស្អែក

πρωί
ព្រឹក

μεσημέρι
ថ្ងៃត្រង់

βράδυ
ល្ងាច

εργάσιμες ημέρες
ថ្ងៃធ្វើការ

Σαββατοκύριακο
ចុងសប្ដាហ៍

έτος
ឆ្នាំ

βροχή
ទឹកភ្លៀង
ουράνιο τόξο
ឥន្ទធនូ
χιόνι
ព្រិល
άνεμος
ខ្យល់
άνοιξη
និទាឃរដូវ
φθινόπωρο
រដូវស្លឹកឈើជ្រុះ
καλοκαίρι
រដូវក្តៅ
χειμώνας
រដូវរងារ

4.APRIL 11°
5.APRIL 4°
6.APRIL 13°
7.APRIL 8°
8.APRIL 10°

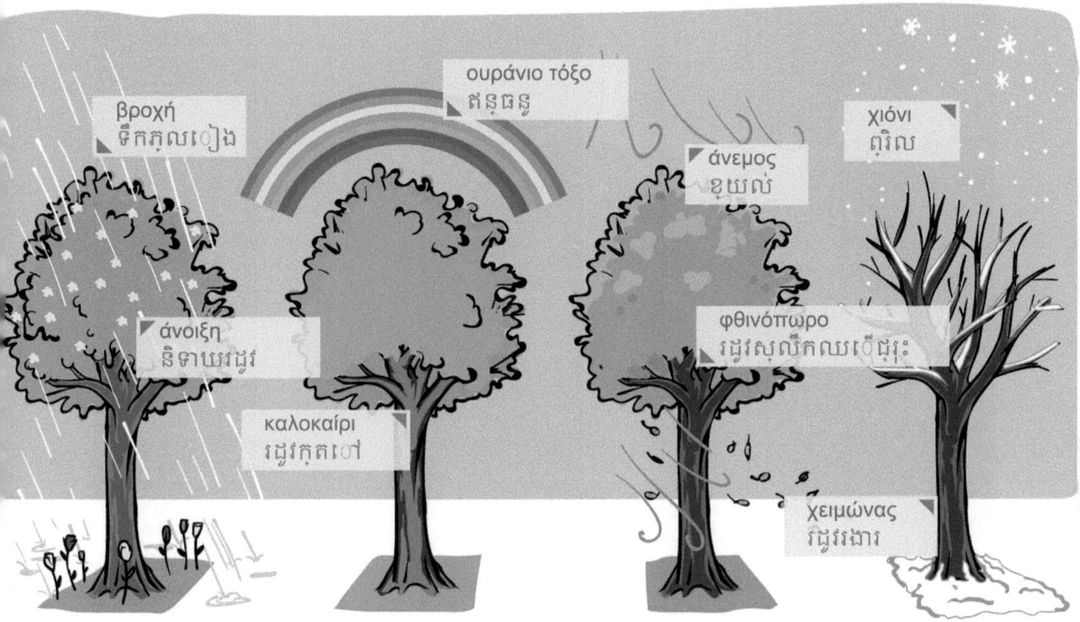

πρόγνωση καιρού

ការព្យាករណ៍អាកាសធាតុ

F C
120 40
90 30
60 20
30 10
0 0
-30 -10
-20

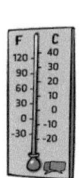

θερμόμετρο

ទែម៉ូម៉ែត្រ

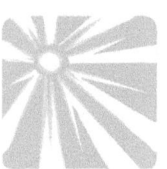

λιακάδα

ពន្លឺថ្ងៃ

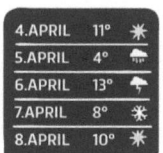

σύννεφο

ពពក

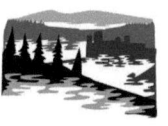

ομίχλη

អ័ព្ទ

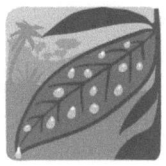

υγρασία

សំណើម

αστραπή

រន្ទះ

κεραυνός

ផ្គរ

καταιγίδα

ព្យុះ

χαλάζι

ព្រិល

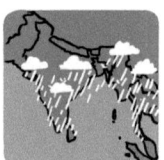

μουσώνας

ខ្យល់មូសុង

πλημμύρα

ទឹកជំនន់

πάγος

ទឹកកក

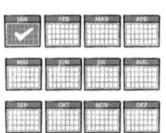

Ιανουάριος

ខែមករា

Φεβρουάριος

ខែកុម្ភៈ

Μάρτιος

ខែមីនា

Απρίλιος

ខែមេសា

Μάιος

ខែឧសភា

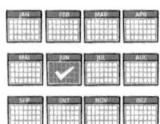

Ιούνιος

ខែមិថុនា

Ιούλιος

ខែកក្កដា

Αύγουστος

ខែសីហា

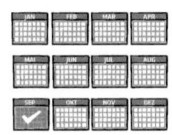

Σεπτέμβριος

ខែកញ្ញា

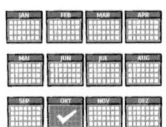

Οκτώβριος

ខែតុលា

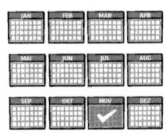

Νοέμβριος

ខែវិច្ឆិកា

Δεκέμβριος

ខែធ្នូ

σχήματα
រាង

κύκλος

រង្វង់

τετράγωνο

ការ៉េ

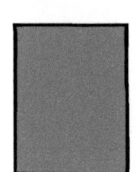

ορθογώνιο
παραλληλόγραμμο

ចតុកោណកែង

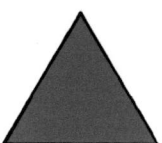

τρίγωνο

ត្រីកោណ

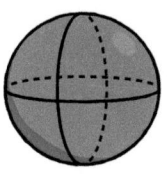

σφαίρα

ស្វ៊ែរ

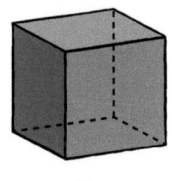

κύβος

គូប

άσπρο

ពណ៌ស

κίτρινο

ពណ៌លឿង

πορτοκαλί

ពណ៌ទឹកក្រូច

ροζ

ពណ៌ផ្កាឈូក

κόκκινο

ពណ៌ក្រហម

μωβ

ពណ៌ស្វាយ

μπλε

ពណ៌ខៀវ

πράσινο

ពណ៌បៃតង

καφέ

ពណ៌ទឹកក្រូច

γκρι

ពណ៌ប្រផេះ

μαύρο

ពណ៌ខ្មៅ

πολύ / λίγο

ច្រើន / តិចតួច

θυμωμένος / ήρεμος

ខឹង / តូរជាក់ចិត្ត

όμορφος / άσχημος

សួរស់សុអាត / អាក្រក់

αρχή / τέλος

ចាប់ផ្តេតេ្មើម / បញ្ចប់

μεγάλος / μικρός

ធំ / តូច

φωτεινός / σκοτεινός

ភ្លឺ / ងងឹត

αδελφός / αδελφή

បងប្អូនប្រុស / បងប្អូនស្រី

καθαρός / λερωμένος

សុអាត / កខ្វក់

πλήρης / ατελής

ពេញលេញ / មិនពេញលេញ

ημέρα / νύχτα

ថ្ងៃ / យប់

νεκρός / ζωντανός

ស្លាប់ / នៅរស់

φαρδύς / στενός

ធំទូលាយ / តូចចង្អៀត

βρώσιμος / μη βρώσιμος

អាចបរិភោគបាន /
មិនអាចបរិភោគបាន

κακός / ευγενικός

ចិត្តអាក្រក់ / ចិត្តល្អ

ενθουσιασμένος /
βαριεστημένος

ការរំភើប / អផ្សុក

παχύς / λεπτός

ធាត់ / ស្គម

πρώτος / τελευταίος

ដំបូង / ចុងក្រោយ

φίλος / εχθρός

មិត្តភក្តិ / សត្រូវ

γεμάτος / άδειος

ពេញ / ទទេ

σκληρός / μαλακός

រឹង / ទន់

βαρύς / ελαφρύς

ធ្ងន់ / ស្រាល

πείνα / δίψα

ភាពអត់ឃ្លាន /
ការស្រេកឃ្លាន

άρρωστος / υγιής

ឈឺ / មានសុខភាពល្អ

παράνομος / νόμιμος

ខុសច្បាប់ / ត្រូវច្បាប់

έξυπνος / χαζός

ឆ្លាតវៃ / ឆ្កួត

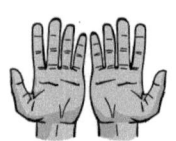

αριστερός / δεξιός

ឆ្វេង / ស្តាំ

κοντινός / μακρινός

ជិត / ឆ្ងាយ

καινούριος /
μεταχειρισμένος
ថ្មី / ហានបុរេ

τίποτα / κάτι
គ្មានអ្វីសោះ / អ្វីមួយ

γέρος | νέος
ចាស់ / ក្មេង

αναμμένος / σβηστός
បើក / បិទ

ανοιχτός / κλειστός
បើក / បិទ

χαμηλόφωνος /
μεγαλόφωνος
ស្ងប់ស្ងាត់ / ពុខ្លាំង

πλούσιος / φτωχός
មាន / ក្រ

σωστός / λανθασμένος
ត្រូវ / ខុស

τραχύς / λείος
គ្រោះម / រលោង

λυπημένος / χαρούμενος
ពិហាកចិត្ត / សប្បាយចិត្ត

κοντός / μακρύς
ខ្លី / វែង

αργός / γρήγορος
យឺត / លឿន

υγρός / στεγνός
សើម / ស្ងួត

ζεστός / δροσερός
ក្តៅ / ត្រជាក់

πόλεμος / ειρήνη
សង្គ្រាម / សន្តិភាព

0

μηδέν

សូន្យ

1

ένα

មួយ

2

δύο

ពីរ

3

τρία

បី

4

τέσσερα

បួន

5

πέντε

ប្រាំ

6

έξι

ប្រាំមួយ

7

εφτά

ប្រាំពីរ

8

οκτώ

ប្រាំបី

9

εννιά

ប្រាំបួន

10

δέκα

ដប់

11

έντεκα

ដប់មួយ

12
δώδεκα
ដប់ពីរ

13
δεκατρία
ដប់បី

14
δεκατέσσερα
ដប់បួន

15
δεκαπέντε
ដប់ប្រាំ

16
δεκαέξι
ដប់ប្រាំមួយ

17
δεκαεφτά
ដប់ប្រាំពីរ

18
δεκαοκτώ
ដប់ប្រាំបី

19
δεκαεννέα
ដប់ប្រាំបួន

20
είκοσι
ម្ភៃ

100
εκατό
រយ

1.000
χίλια
ពាន់

1.000.000
εκατομμύριο
លាន

Αγγλικά

អង់គ្លេស

Αμερικάνικα Αγγλικά

អង់គ្លេសអាមេរិក

Μανδαρίνικα Κινέζικα

ចិនកុកងឺ

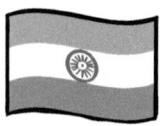

Χίντι

ហិណ្ឌូ

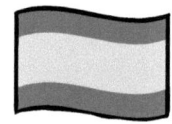

Ισπανικά

អេស្ប៉ាញ

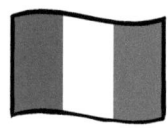

Γαλλικά

បារាំង

Αραβικά

អារ៉ាប់

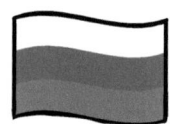

Ρώσικα

រុស្ស៊ី

Πορτογαλικά

ព័រទុយហ្គាល់

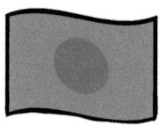

Μπενγκάλι

បង់ក្លាដេស

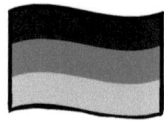

Γερμανικά

អាល្លឺម៉ង់

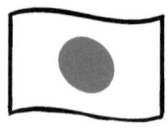

Ιαπωνικά

ជប៉ុន

εγώ

ខ្ញុំ

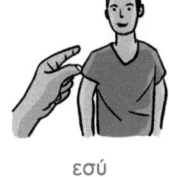

εσύ

អ្នក

αυτός / αυτή / αυτό

គាត់ / នាង / វា

εμείς

យើង

εσείς

អ្នក

αυτοί / αυτές / αυτά

ពួកគេហេាន

ποιος / ποια / ποιο;

នរណា?

τι;

អ្វី?

πώς;

របៀបណា?

πού;

កន្លែងណា?

πότε;

ពេលណា?

όνομα

ឈ្មោះ

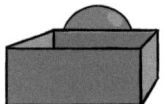

πίσω

ពីក្រោយ

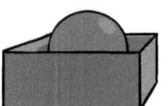

μέσα

ក្នុង

μπροστά

ពីមុខ

πάνω από

ពីលើ

πάνω

នៅលើ

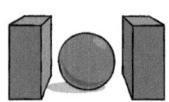

κάτω

នៅក្រោម

δίπλα

នៅក្បែរ

ανάμεσα

រវាង

μέρος

កន្លែង